22歲起，選那個 不做會後悔 的決定

Joey Chung

鍾子偉 著

【關於職場文化】

Part 2

轉職，人生的轉換點

Part 3

創業之路

【前言】如果不是現在，那是什麼時候？

這本書最早的起源始於兩年多前，幾乎可說是個意外。

當時我還住在上海，任職於一家大型跨國公司。不過，那時我已打算離開，想著預計幾個月後就會搬回台北，創立媒體公司。

那年，我即將滿三十歲，心裡躊躇著是否離開畢業後任職的第一家，也是唯一一家公司，並且再度在另一座城市展開新生活，將時間、金錢與名譽投注於創立一家屬於自己的事業。

那是一段充滿困惑與恐懼的時光，也是我目前的人生當中，面臨過的一段非常重要的十字路口，我必須在不久之後做出重大決定。

碰巧，在利用週末返回台北的一次旅程中，我和這一系列書籍當中的上一本著作《十八歲起，你的格局不一樣》的編輯團隊見了面。我們花了幾分鐘聊聊近況，談論我們合作了上一本書之後這兩年間，彼此在職業與個人生活上的發展，也談到對於彼此的再度合作有沒有什麼新點子。

其實，我當時並沒有特別把心思放在這方面，因爲我太忙於自己所面對的決定與兩難狀況，也不斷想著自己的選擇以及日後可能出現的後悔。

我該不該待在現下任職的這家大企業，過著相對安全也比較有保障的生活？或者我能夠藉由追尋其他選項，而學到更多呢？

在上海住了兩年之後，到底該回台北，還是該去其他城市找工作，繼續結識其他擁有多元背景與經驗的朋友？

什麼時候才是嘗試創業的理想時機？是現在嗎？還是我該聽從別人一直要我再等等的建議？

如果答案永遠都是「再等一會兒」，而不是「現在就行動」，那要等到什麼時候？

面對以上這些問題，以及其他許多在二十至三十歲出頭這段年紀，所必須經常面對的各種問題當中，我們在思索答案的過程，似乎總不免回到這個問題上：

如果不是現在，那麼是什麼時候？如果不是現在，那麼我會不會對自己沒有做出這項決定而悔恨終身？

我一邊向編輯團隊說明著我人生中最近發生的事，同時這個問題便不斷浮現在腦海。過了一會兒之後，我們似乎對這本書的寫作方向取得一致共識。

直到今天，在我的所有著作當中——不論內容談的是我就讀商學院的經歷、在美國與亞洲工作所體驗到的文化差異、規畫自身理想的就學與職業生涯的經營理念，乃至在中國工作與生活的經驗——我和先覺出版的編輯團隊所合作的《十八歲起，你的格局不一樣》一書，大概是讀者人數最多，也最常受到朋友、作家以及讀者討論的一本。我在街頭遇到的年輕朋友或是學生，如果想要討論學生生涯、大學生活該如何規畫等相關議題或想法，最常提及的都是這本書。

可是**接下來該怎麼辦呢**？他們有時候會這麼問。

二十八歲之後該怎麼辦？我們在那時候可能面對的挑戰和決定有哪些？如果先前的那本書所談論的是我們在十八到二十八歲之間可能會面臨的最重要的議題與決定，並且由每一章討論一年，那麼這本新書該怎麼延續呢？至少是延續那本書的精神？

上一本書從開始策畫到完稿出版，都是我正值二十八歲那一年的事情。那時候，我才剛經歷了許多新的人生體驗，包括在學校求學、到國外念書、處理感情關係、面對家人的期望，以及我們這個世代逐漸從少年成長為青年所面對的各種掙扎與不安全感。

現在，我的歲數已進入三字頭，要怎麼繼續討論那些議題而不至於重複先前的內容？

要怎麼讓這本新書讀起來還是那麼隨性、坦率又直接，就像老朋友在悠閒的週末午後坐在咖啡廳裡閒聊一樣？

如同上一本書，我們也希望這本書能夠讓讀者覺得他們就坐在我們身旁，聆聽著我們的談話，而不像是在學校或工作上聆聽那種嘮叨的說教，或者像是閱讀教科書或說明手冊一樣令人煩悶。

我不希望把書中的內容寫得太過理論性，也不希望寫得太過空泛，而是希望能夠盡可能直接、坦白，盼望能夠為讀者帶來盡可能的幫助。

此外，相較於二十八歲的我，現在我所處的情境已和當時大不相同。

現在，離開學校已將近五年，而且因為投入創業圈而一切必須從頭來過，我已經歷了更多陰鬱的體驗，目睹過商業與人生中更多的灰色地帶，因此也變得更加謹慎、沉著。踏入三字頭的這個人生階段，明顯可見將會與我們剛出校園的那段年輕時期大不同。

在那天的談話結束之際，我們取得共識的寫作方向是：讀者會和我們一起成長，所以上一本書既然談論了我們二字頭的人生，那麼這本書探討的，就會是我們所有人會面臨的類似議題，也非常近似我當時思考過的那些問題與決定：

現在是該到其他城市或國家去闖蕩的時刻嗎？

我該待在當下這份安穩的工作裡，還是該嘗試其他挑戰？

在什麼時候，機會成本才會高得讓我不得不對自己的夢想做出妥協，說服自己接受我爲了滿足家人的期望而必須做的決定？

接近三十歲的時候，我們看待感情關係與家庭責任的態度會出現什麼變化？

我們又該如何展開屬於自己的探險旅程，不論是極爲單純的事，例如終於開始學習彈奏吉他；還是比較複雜的抉擇，例如創立自己的餐廳，或是找尋夥伴與投資人而創辦自己的公司？我們會怎麼實踐，怎麼規畫，怎麼思考這些事情？

這一次，與其在每一章裡塞進一年的內容，不如把人生階段中最常面臨的選擇與決定，畫分成三個主要部分，探討我們在長大成熟的過程中如何思考與改變，以及如何規畫出最好的方法，讓自己獲致成功。

每一個主要部分都會穿插一些簡短的小故事，藉此闡述我們所有人終有一天都會面臨的各種常見問題與重要抉擇關頭。希望我分享的自身經驗，能夠像跟老朋友敘舊一樣，不論各位讀者同不同意我的心得與想法，都能有助於大家提前思考自己該預做哪些準備，並且避免我犯過的錯誤。

我所經歷過的人生以及學到的教訓——有些是痛苦得來的結果——都是我希望自己年輕的時候，能夠早點知道的事情。所以，我誠摯盼望這些內容能夠對各位有所幫助，至少能夠協助各位想像自己可能在不久之後將面臨什麼樣的重大決定。

本書的最後一章探討「創業」，我們也確實仔細探究了如何思考、規畫以及經營一家處於草創時期的公司。對於書中是否該納入這個部分，以及該談得多細，編輯團隊和我有過激烈的爭論。

不是每個人都想創立自己的公司，也不是每個人都有興趣，或是必須了解如何吸引投資人，以及如何節約初期的現金流。

這點完全沒有問題，因爲每個人都有自己的興趣、熱情、問題與答案。

所以，我們最後採取的做法是，盡量把焦點放在創業過程，以及我們從中學到的教訓當中最有可能對所有人都有幫助的面向。

什麼樣的創業心態最有助於有效率的組織安排？

從說服投資人的經歷當中所學到的哪些技巧，最能應用在日常生活中？

在對於創業環境的觀察中，哪些觀察最能洞悉台灣的青年、商業、經濟以及我們未來在全球社會當中的競爭力？

書中的內容也許有許多部分都不盡完美。而在每個章節當中，從接受大公司的面試突然跳到感情問題，再突然跳到如何與外國投資人協商，有些內容看起來可能連接得不太平順。

不過，請別忘了我們挑選的這些故事，都是我們認爲對即將進入這個人生階段的人，最切合、實用，或是最有幫助的故事。

最後，如果說本書有一共同的主題貫穿其中，那麼大概就是亞馬遜創辦人貝佐斯，二〇一〇年在普林斯頓大學畢業典禮演講時，所說的這句話：

我不認為我會因為自己嘗試之後但遭遇失敗而感到後悔，反而覺得如果我連試都不試，這項決定的陰影一定會籠罩我一輩子。經過慎重考慮之後，我選擇了一條比較不安全的路徑，追求我的熱情，而我現在也對那項選擇深感自豪。

還有我自己最喜歡的，知名經濟學家凱因斯說過的這句話：

就長期而言，我們全都死了。

所以，從許多方面來看，我們何必害怕？我們其實沒有什麼好損失的。

就像上一本書，如果我們現在就像老朋友一樣，在某個週末午後，找了家咖啡廳坐下，即將聊聊彼此近況，談論我們過去這幾年來的人生經歷，那麼我要說，我很高興再次見到各位。

咖啡來了，我們開始吧，好嗎？

1

前三份工作學到的事

20　21　22　23

【進入職場之前，這些事得先知道】

二十幾歲時，我們可能還可以說服自己，一定要留下些什麼足以改變這個社會或世界的成就。三十歲時，恍然大悟其實自己並不重要。

可能覺得老闆特別討厭你、主管故意要孤立你，其實很多事情是非關個人的因素，因為在職場上，你並不特別。

找到你的人生終極目標

在我們周遭，一定曾經遇過同學、朋友、學弟妹提出這類問題：「我現在二十四歲了，該不該出國留學？要去美國還是中國大陸比較好呢？」或者是：「我現在二十四歲了，你覺得我該不該去念MBA？該不該去考GMAT？」

年輕人之所以會感到茫然，或許是因為覺得這些問題很抽象，不知該從何思考起。其實進一步去想，真正該問的問題是：「念完MBA之後，我想要做什麼樣的工作？」這才是我們的「終極目標」。真正具策略性的思考邏輯，應該是先決定終極目標是什麼，因為這個終極目標，才是決定一切的關鍵。

想像你的未來工作

在考慮去哪裡念書之前，當然要先考慮到未來想在哪裡就業。如果你告訴我，你的終極目標是希望自己三十歲時，可以在紐約的金融產業工作，那我就會回答你：「一定要考托福，一定要考GMAT，一定要念MBA，而且一定要申請美國的MBA。」因為，紐約的金融產業只會錄用從美國排名前十MBA學校畢業的學生。但如果你的終極目標是希望自己畢業後，能在大中華地區從事精品業的管理工作，那麼去香港、上海念MBA的價值，可能會比在美國念MBA還來得高，因為從在大中華地區念MBA開始，就可以累積日後就業可能會運用到的人脈與經驗，而你實習的公司，自然而然也會以大中華地區的公司為主。

或許受到大環境的不景氣、上一代的觀念或是一路經歷的教育體系等各種因素的影響，許多年輕人找不到自己的終極目標。那麼，建議試試下面這個我在哈佛念MBA時，生涯規畫的輔導顧問用來引導我們的方法：「閉上眼睛，回想自己曾經看過的電影，回想電影中的場景以及男女主角的工作。」

如果我們當初看到這部電影時，曾經發出：「哇！這工作棒呆了！」的讚嘆，那些畫面與場景讓我們好想成為其中的男女主角、從事他們所擔任的職業。這就像是回到小時候，當大人問：「你長大之後，想要當什麼？」一樣，回想那些電影的畫面，哪些元素是會讓我們憧憬、感動的，將它們全部寫下來；通常這些描述的背後，都有若干的同質性。舉例來說，如果你所嚮往的男女主角，工作是在出版社或是當記者，那麼或許你根本上對「文字」有某種程度的喜愛，至少不討厭，也許你也曾想過透過文字，表達自己覺得值得分享的一些價值觀。將這點放大的話，或許代表著雜誌社、傳播媒體、廣告公司、報社等工作環境都是你可以接受的，而記者、作家、文字工作者、編輯、文案等工作性質也都是可行的。這是一個開始，讓你對於自己的終極目標產生一些較為貼近的想像。

另一個簡單的方法去引導自己找出終極目標，就是想像阿拉丁神燈中的精靈，從神燈中跑出來跟你說：「請形容一下當你三十五歲時，理想中的辦公室環境是什麼模樣，窗外有什麼景緻，甚至辦公桌椅的樣式；而你自己會穿著什麼樣的服裝去辦公室、從事什麼類型的工作。告訴我，一份怎樣的工作，會讓你每天早上很開心地起床去上班，同時很驕傲自己擁有這份工作。盡量天馬行空地去形容對於這份工作的所有細節；只要說得出來，我就實現你的夢想。」

你開始想像：「我希望上班的地方是一棟很氣派的辦公大樓，坐落在繁華熱鬧的金融區，公司是外商，同事來自世界各地，穿著正式的套裝上班……」寫下愈多關於這份工作的細節，就可以刪除愈多的不可能性，聚焦在愈來愈精準的描述與想法，自己也會恍然大悟：「原來我的 dream job 可能是一個什麼樣的產業、什麼樣的性質，以及什麼類型的工作！」

確定了自己的終極目標，想在三十歲時擁有這份夢寐以求的工作，那麼，爲了達到這個目標，倒推回去，我們在三十歲之前可能必須完成哪些考試、拿到哪些資格或證書、具備哪些能力與經驗，再把它們逐一列出，如此一來就算是成功地將這個抽象的「終極目標」具體化了。

畢業之後，你想做什麼？

找出終極目標，是決定未來道路的前提，我們必須自己做功課、自我審視、冷靜思考，付出最大的努力去找出適合自己的方向，因爲別人沒辦法給你最後的答案，只能從旁給予協助。舉例來說，如果已經找出自己的興趣是在管理，未來想從事這方面的工作，你問：「我想知道美國排名前十大的商學院，錄取學生的標準有什麼相同或相異之處？」這樣的問題，看得出來是經過仔細思考的技術性問題，也可以得到十分明確的答案。

亞洲的父母或亞洲的教育方式，通常會告訴孩子，要考好國中、考好高中、考好大學、考好研究所，而不會先教孩子去思考：「**畢業之後，你想做什麼？**」所以，等我們乖乖地考進台大、交大、清大等名校，畢業後拿到的可能就只是一份起薪30K的薪水，難道這就是我們一路「考」來，最後得到的成果嗎？我們的人生，就是爲了一份這樣的薪水在奮鬥嗎？我們總是把念到碩士、博士當成是人生的終極目標，卻從來沒有想過，**並不是從台大、從哈佛畢業，人生就完美了；畢業並不是人生的終點，而是起點。畢業之後的人生，才是重點。**

要拿這份文憑去做什麼？我自己也是一直摸索到二十歲、參加了社團之後，才慢慢找出自己的興趣是在管理，因此決定去念MBA。當我們感到茫然的時候，要有爲自己尋找方向的決心，運用能力範圍內所能獲得的各種資源，給自己嘗試的機會。凡是不會對身心有害的事情，就去嘗試，因爲我們永遠不知道自己在這些嘗試的過程中，可能看到、聽到或想到什麼，突然會得到啓發：「對耶！我對這個領域還滿有興趣的！」很可能就因爲無意間的一項嘗試，而找到自己的人生終極目標。

認清「機會成本」的代價

台灣學生從小大多遵循著教育體系鋪好的升學道路，以及師長叫我們「好好念書，不要想太多」的叮嚀，少有機會自行判斷並做決定，更別說被提醒要用「機會成本代價」這個很實際的觀念去思考事情。

年歲漸增，機會成本代價愈高

什麼是機會成本代價？簡單來說，任何一個選擇都有它的機會成本代價；我們選擇了A，就得捨棄B、C、D……因此，訓練自己用機會成本代價去思考自己所做的每個選擇，重要性在於：我們要選擇的是機會成本代價最高的那一項。要去思考、去評估，**哪一個選擇現在放棄了，以後極可能就再也沒這種機會了**？**那麼這個選擇，它的機會成本代價就是最高的一個**。

舉個最簡單的例子，當我們二十二歲大學畢業時，可能面臨著就業、考研究所、出國留學等各種選擇，不論做哪一個選擇，之後的人生道路都將隨之改變。這時可能有諸多的考量，腦海中千頭萬緒，但請謹記原則只有一個：選擇機會成本代價最高的那一個。

機會成本代價與年齡成正比。舉創業爲例，當二十四歲時想創業，機會成本代價可能是放棄一份薪水三萬元的工作、放棄陪女朋友的時間、放棄自己的休閒娛樂或睡眠時間，如果創業失敗，還可以再找份工作、重新就業；等到三十四歲想創業時，機會成本代價可能變成要放棄一份薪水十萬元的工作，一切歸零，還沒結婚的，要放棄近期內結婚生小孩的計畫，已經結婚有小孩的，或許還得放棄購屋換車、送小孩上私立學校的打算、全家人定期出國度假等的規畫。這時，我們犧牲掉、影響到的，可能不只是個人而已，還有家人、小孩的未來。

隨著年歲漸增，我們做任何選擇的機會成本代價，都只會愈來愈高。二十幾歲時有的是大把的時間、健康的身體、無窮的體力與高昂的鬥志，等到三十幾歲，可能會發現生命只剩下工作，失去了健康，也沒了個人生活，我們的機會成本代價終於高到自己無法負荷。二十幾歲時，我們的機會成本代價是時間與健康；三十幾歲時，家庭與個人生活的機會成本代價，已經比二十幾歲時來得高。

這時，也許寧可以一份只有以前一半薪資的工作，換取個人的健康、家庭與生活。

再以工作來說，一定有個理由，讓我們在星期一早上起床時，知道今天爲什麼要去上班。如果你說：「我超痛恨我的工作，但是這份工作薪水高，可以讓我繳房貸、養我爸媽。」這就是一個好理由，而你就必須接受它的機會成本代價：雖然痛恨這份工作，也必須忍受它。如果有一天當早上醒來，已經不知道「爲何而戰」，說不出今天該去上班的理由，或許就是該考慮換個工作的時候了。

感情是另一個機會成本代價的好例子。如果你是一個芳齡二十八歲的女生，剛申請上麻省理工學院，你知道自己這一去就是四、五年，念書要兩年時間，畢業了可能也不會馬上回來，有機會的話，還會在國外工作一、兩年；但是男朋友想待在台灣，不打算跟你一起出國，而且他有來自家庭的壓力，希望他能盡早結婚成家。那麼，在你二十八歲這一年，你要決定的是這個學位、留學經驗甚至人生的自我實現比較重要，還是跟男朋友廝守一輩子比較重要。如果還是選擇了學業，你的機會成本代價就是你們極有可能分手，因爲你的男朋友已屆適婚年齡，無法再等上四、五年到你回來；而你錯失了這段姻緣，接下來是否還會遇到更好的對象，也是未知數。如果你這一年才二十二歲，或許就不會面臨是否需要選擇婚姻的這個問題，因爲你還有時間。

人在不同年齡時，會有不同的優先順位，要付出的機會成本代價也因而不同。當我們十八歲時，男女朋友可能是最重要的，爲了陪他們，我們可以翹課、不參加社團、不出席校外活動；到了二十二歲，找第一份工作成了第一優先順位；到了二十五歲，出國留學成了清單上最重要的事；到了二十八歲之後，年歲漸長這個事實逐漸加強它的影響力，婚姻的優先順位也逐漸往前提。如果當時剛好有女朋友，不管你愛不愛她，因爲她出現在這個最合適的時機點，就成了對的人，也是結婚的優先考量對象。我們慢慢會發現，這也是成長最令人感傷的事實之一：我們的機會成本代價變得愈來愈高，而且愈來愈複雜。

用機會成本代價，評估所有決定

當我自己十八歲時，對於「機會成本代價」這個觀念是無感的。青春之所以美好，正因爲我們以爲它是無限的，會永遠持續下去；爸媽正值壯年，自己正在享受大學生活，一切都很美好，讓我們以爲任何決定都不用付出代價，也沒有所謂的機會成本。一直要到快畢業了，開始得忙著思考當兵、工作、出國，甚至大學戀情的維繫，所有的事情都來了。

我的建議是，**愈早認清機會成本的代價，愈能夠做出最正確的選擇**。試想，如果每次當我們在做決定時，都有三個選項可供選擇，哪一個選擇是只有在這個時候、這一天、這個月或是這一年可以去做的？哪一個選擇現在放掉是最可惜的，因爲這次錯失了，以後可能再也沒有這個機會了？這就代表著，這個選擇的機會成本是最高的。

當開始學著用機會成本代價作爲切入角度去審視事情時，就像是自己所做的每一個決定，在那個當下，上面都釘著一個標籤、寫著價格是多少錢，而應該要做的選擇，當然就是價格最昂貴的那一個，想像若我們現在不買的話，明年它的價格可能就漲了十倍、百倍，而我們只能後悔自己當初錯失了良機。

過去，不等於未來

如果我們十八歲時，用高中念書的方式去念大學，只去上自己的必修課，下課之後的休閒活動是打電動、吃宵夜、上PTT、玩FB，沒有花時間去選修、旁聽其他課程或參加課外活動，也沒有去探尋實習的機會，也就是說在大學四年，並未積極地去找出自己真正的興趣，一直到了二十二歲畢業後開始工作，才發現因為過去沒有花時間努力找出自己的興趣與方向，以至於現在所做的工作，與自己真正的興趣相悖，或是自己真正想做的工作與所學不符。那麼，現在要如何補救呢？

隨時能重來，只是你想好了嗎……

就算過去不夠努力，亡羊補牢永遠不嫌太晚，並非如大家所想的完全不可能，只是回頭的時機愈晚，要付出的機會成本代價會愈來愈高；重點就在於，我們捨不捨得去付出那樣的代價。

我念大學時，身旁有很多轉校或轉系不止一次的同學，都是念了本科系之後發現沒興趣就決定轉系，算是學生版的「轉換跑道」，這其實是很常見的。有同學大學時念的是財金相關科系，原本想從事銀行業，念完MBA之後反而想改走社會企業。也有同學念的是不動產相關科系，到了大二、大三時，才發現自己的興趣在媒體傳播方面，想從事新聞工作，因此大三就開始努力爭取到各個電視台實習的機會；等到畢業之後，因爲履歷上有這些相關的實習經驗，讓他可以如願從事新聞傳播工作，而不輸新聞本科系出身的學生。這個同學並未因爲對不動產沒興趣就自我放棄或開始鬼混，相反的，他找出自己眞正的興趣，並努力去獲取跟這個興趣相關的經驗，所以當其他人大三、大四把時間花在玩樂時，他選擇把時間花在實習工作上，這就是他的機會成本代價。

如果已經念完大學四年，才發現自己想做的工作與所學有所落差，要修正還是來得及的。舉例來說，你二十二歲時從商學院畢業，從事業務方面的工作，後來卻發現自己想做的工作是跟建築相關，而且希望在三十歲時可以達成這個夢想；這就好像原本的這條道路走偏了，所以該思考的是，如何在二十二到三十歲這段期間，用什麼方式把這條路拉回正軌；下一步該怎麼做，可以用最快的速度、在最短的時間之內達到目標。雖然你原本可能對建築一竅不通，若是願意辭掉目前的工作，去找一份在建築師事務所的基層工作，從打雜的小弟、實習生開始逐步做起，甚至花時間去上附近的社區大學、參加推廣中心的課程、旁聽建築系的課，都還是有可能一步步地朝著自己的夢想前進。

然而因爲對建築領域完全沒有經驗，你的機會成本代價，可能就是要放棄原本穩定的工作，去接受一份可能只有22K的薪水，從零開始；而你的考驗就是要自問：「我有多麼想要它？」

百分之七十的人通不過這項考驗，因爲很多時候我們所謂的夢想，都是說來比做的容易，眞正接觸之後，可能會覺得沒興趣，或是眞正遇上實現的機會時，反而會打退堂鼓，經不起機會成本代價的考驗。我們可能信誓旦旦地跟自己說，只要有一個機會，一定會好好把握，重新來過。拿上面的例子來說，如果現在某個建築師事務所眞的願意提供一份基層工作，薪水只有22K；這時，你一定會想：「我現在的工作至少有32K，眞的要辭職去做只有22K的工作嗎？」然後陷入又想兼顧夢想、又不肯放棄薪水的兩難之中。

這個夢想到底值多少錢？

當我們未來遇到這種天人交戰的時刻，記得先問自己一個問題：「我的夢想，到底值不值得我去忍受22K、比現在少了10K的薪水？」也就是說，這個問題其實要問的是，「這個夢想到底值多少錢？」如果考慮之後，答案是：「不值得。」那麼，**當初這個想法就不是一個真正的夢想，或許只是一個孩子氣的幻想**。如果答案是「值得」，你願意放棄目前薪水較高的工作，接受那份低薪的工作從頭開始，這就代表你爲了這個夢想，願意接受這樣的機會成本代價。

這個考驗會讓我們知道，所謂的夢想，到底是不是眞正的夢想，以及我們有多想要它、願意爲它付出多少代價。

在你我的人生道路上，或許都曾經遇上某些時刻，會讓我們眞心希望有第二次機會去做補救、重新開始；但是當眞的遇到這樣的機會時，是否能好好把握，還是又退縮猶豫、裹足不前？這或許是比想著如何補救，更該好好思考的課題。

善用過渡式就業

「過渡式就業」一般說來，是指在兩份正式工作之間的過渡時期，短暫從事的工作。某種程度來說，過渡式就業就像是你可以稍微喘口氣的中場休息時間。以我的經驗而言，當兵二十個月的那段時光，就有點類似這種階段。而對許多人來說，畢業後留在學校擔任助教、教授助理，或甚至找一份非正式的兼職或約聘工作，也都屬於過渡式就業的模式。

方向未明時，試試過渡式就業

過渡式就業，譬如說留在學校當助教，在就業的規畫上來說未必是件壞事。當學弟妹有機會留在學校當助教，卻又猶豫不決、想詢問我的看法時，我都會這麼告訴他們：「過渡式就業有點像是你延畢一年去當交換學生，或是出國遊學、去念短期的語文學校，只是規模不太一樣；或許你的經濟狀況沒有那麼好，無法負擔去當交換學生、留學或自助旅行等費用，所以還是必須工作以賺取生活所需。」

但是再怎麼樣，過渡式就業都是一個二十出頭時才能擁有的特權。也就是當我們在規畫下一步，還有點茫然不確定時，可以停下腳步，給自己一、兩年的時間來好好的思考、沉澱。當我們必須考量下一步要怎麼走、又有經濟因素要考慮的話，過渡式就業其實是很好的一個選擇，一方面讓自己有時間去思考未來的方向、準備以後的規畫，一方面經濟壓力也不至於太大。因爲若是有沉重的經濟負擔，還是要先顧好現實面，利用白天的時間上班賺錢，利用晚上的時間去追求夢想，還是可以兼顧現實與理想。

如果夢想對我們來說眞的有那麼重要的話，它就是一個機會成本代價，優先順位是最高的，我們一定會爲它挪出時間。如果說工作兩年後一定要出國，這個夢想眞的這麼重要的話，那麼就算晚上十一點才回到家，還是得K書準備考試、寫申請學校的論文到半夜。善用過渡式就業的這段時間，找出自己的方向與人生目標，把完成夢想的時間表寫出來，這樣腦海中就會有個藍圖，知道自己大致上該如何一步步地朝正確的方向走，也知道自己現在是在哪一個階段、該努力去完成哪些事情。

過渡式就業，就該只是「過渡」

過渡式就業的前提是，它不應該是永遠的，我們要很確定自己做這份工作的目的是為了什麼：是為了存錢、為了找出自己的終極目標，還是為了說服家人認同自己設定的目標。當然，如果當了一、兩年助教之後，發現自己還滿喜歡這項工作內容及學校這樣的學術環境，想一直待下去，把過渡式就業變成終極目標，也沒有什麼不好，那麼就要開始規畫下一步，去尋找行政人員的正式職缺，或是繼續念碩、博士，或往教職發展都可以。重點是，我們的思考不能只是做一年、兩年的規畫，像約聘人員一樣只以一年為單位，而是應該善加利用這段過渡式就業的一、兩年時間，找出自己的終極目標。一旦找到了，就應該重新評估現在在做的事，到底與終極的人生目標是否契合，是否有助於我們逐步朝目標邁進；如果答案是否定的，就要加以修正。

在過渡式就業的這段期間，還要注意自己會不會陷入補習與進修的迷思中。我們極可能因為還在尋找自己的方向、還對前途感到茫然，因此開始去做一些沒有邏輯性的決定：不知道目的是什麼，就先去補習；不知道自己要考什麼，就先去進修。於是，可能還不確定自己是否要出國，就先去報名GRE、GMAT。**然而這些補習與進修，對自己的未來到底有什麼明確的直接助益，也說不上來，往往就是備而不用，補來給自己安心的**。這種作法，會是一種時間和金錢上的浪費。就算是短暫的過渡式就業，時間也是很寶貴的，應該要好好的加以善用，而不是浪費在無謂的選擇上。

從某方面來說，過渡時期也是一個奢侈品、一種特權，或許我們的爸媽並沒有給我們任何就業上的壓力，或許我們的年齡還可以容許自己這麼做，但並不是每個人都能夠負擔過渡式就業的機會成本，許多人是沒有這種選擇的，特別是那些背負著就學貸款、畢業就得拚命工作還債的學生。

謹記所謂「過渡式就業」，重點就在它應該是短期的「過渡式」，是在二十幾歲時可以享有的特權，因爲那個階段的年輕人，可能還在尋找自己的人生與就業方向。但是，我們不能在二十四歲時過渡式就業，到了三十歲還在茫然、還在過渡式就業。那時候的所謂過渡式就業，就只是一個逃避的藉口了。

第一份工作，應該選擇大公司嗎？

當我們開始找工作時，可能會陷入一個迷思當中：「我的第一份工作，到底應該選擇大公司還是小公司？」甚至極有可能，你會遇上必須做出抉擇的時候。這個問題，就是典型的「技術性問題」（要選擇A還是B？）；然而在問這個問題之前，應該要先去思考的，其實是最根本的「哲學性問題」（為什麼要選擇A或B？除了A、B，沒有其他選項嗎？）

大公司或小公司，不是個好問題

把第一份工作的選擇直接區分爲大公司與小公司，是一種稍嫌過於武斷的二分法，這樣的問題會陷入一種以偏概全的思考邏輯中。事實上，我們還有中型企業、社會企業，或是自己創業等其他選項。

在台灣的教育體系，一路從國小、國中、高中、大學十幾年念下來，都是走在既定的道路上，師長可能會告訴你，畢業後的出路不是念研究所，就是考公務員，或去找工作，人生的道路看起來非黑即白，不是A就是B，而我們也習慣了不去思考、不去問問題。

如果要問，第一份工作應該是去大公司還是小公司？我們得先反問自己：「去了大公司或小公司，之後呢？我的終極目標到底是什麼？我的理想工作是什麼？」假設我們二十二歲時，還無法想像自己五十歲時的理想工作，那麼工作幾年之後，心態已漸趨成熟時，可以以三十歲爲一個時間點，想想看三十歲的自己，希望過著什麼樣的生活？想擁有什麼樣的生活方式？想在一個什麼樣的產業中工作？然後再倒推回來，思考現在的自己，應該要做什麼樣的選擇，才能達成那樣的目標。

第一份工作，以未來性思考而非薪水

舉例來說，假如我想在三十歲時擁有自己的公司，那麼我的第一份工作，有可能是先加入一個小公司，讓自己學習如何去全方位的經營、管理一個小公司；

也有可能是先進入一間大公司，學習大型組織中完整的管理制度、精細的職掌分配，去拓展、開發有助於自己日後創業的人脈關係與資源；或者是進入一個新創公司學習如何從零開始，兩、三年之後再出來自己創業。倘若資源足夠的話，甚至不需要先就業，就可以直接去創業了，這也是最直接去實現終極目標的一個選擇。

換言之，並沒有所謂一定是大公司好或是小公司好的答案，而是端視哪一個選擇可以讓你逐漸往自己的終極目標邁進。所以，不需要執著於大公司或是小公司的選擇。當我們在二十二歲時選擇的第一份工作，除非是有養家、還債等經濟負擔要考量，否則不該以金錢作爲前提，而是要去思考，這個選擇對於自己未來生涯道路的開展，能不能發揮實質上的助益。

在職場上，你並不特別

到了三十歲左右，我們會開始領悟到：**在職場上，任何人都是可以被取代的**。假設我從二十六歲在大公司做到六十歲退休了，又如何？我退休了，公司就再雇用一個人而已；就算當到了總經理，也是一樣，跟一般基層員工沒有什麼差別。我們沒有人會特別到無可取代。

三十歲，領悟其實自己並不重要

我上一份工作的主管，是公司的全球營運長，在公司是出了名的工作狂，每天可以工作到凌晨。每當大家一起去用午餐，吃完飯後他就會很開心地說：「讓我們回去工作吧！」可以感受到，他真的是滿懷著喜悅要回去工作；但是說到底，公司並不是他的，他跟所有的員工一樣，都是傭兵，都是這個公司可更換的零件。試想三十年之後，誰還會記得某某某曾經擔任過這間公司的營運長、總經理？

我去過設計師湯姆．福特（Tom Ford，曾任Gucci的設計總監）打造的店，十分富麗堂皇，極盡奢華之能事；POLO旗艦店也是像這樣，每三十分鐘就會有一個人，專門負責去整理店裡的靠枕，把它們拍鬆、弄整齊，同時把店裡的衣飾拉平歸位；這個人的職稱叫「品牌商品員」，專門負責所有商品呈現的模樣。我當時看著這位小姐東拉拉、西扯扯，一直做著重複的動作，心想如果我做那個職位四十年，對這世界有什麼貢獻？對我自己的人生又有什麼貢獻？這個世界會因爲我把靠枕拉齊，就產生什麼改變嗎？那麼我的存在，又有什麼意義呢？我在POLO實習結束之後就離開了。過了一年，當時擔任我主管的人也離開了；我不禁納悶：所有的工作都是這樣來來去去，有什麼意義？

二十幾歲時，我們可能還可以說服自己，一定要留下些什麼足以改變這個社會或世界的成就。三十歲時，恍然大悟其實自己並不重要。以往我們總是習慣以自我爲中心，以爲自己是最特別的，所以只要一有什麼不順心的事，總覺得是針對自己而來。譬如說，你可能覺得老板特別討厭你、主管故意要孤立你，其實很多事情是非關個人的因素，**因為在職場上，你並不特別**。

忙了一天，心卻空空蕩蕩……

三十歲以上的人，可能會開始有這種「What's the point?」爲誰辛苦爲誰忙的感覺。而一旦開始有了這種感覺，它可能會對我們產生正反兩面、兩種極端的影響。正面的影響是，我們開始領悟到自己沒有什麼好損失的，經驗的累積還比較重要，所以要做什麼就趕快去做，因爲時間不等人，就算眞的搞砸了，又怎麼樣呢？而負面的影響則是，或許會開始覺得一切都沒有意義，什麼都不重要，變得消極而沒有作爲。

就像我的學弟妹曾經跟我抱怨：「書念這麼多又怎樣？現在薪水都這麼低！」他們去上班報到的第一天，可能會發現坐在旁邊的同事薪水二萬五千元，而他們自己也不過領二萬八千元，只多了三千元。這個事實眞的會讓他們忍不住感慨：「我幹嘛那麼拚命的念書啊？到頭來，跟其他人所拿的薪水比較起來，也不過差個三千元！」的確，從五、六歲開始，我們就被爸媽要求要考進好學校、考進好班、要補習、要聯考、要拚命用功念書，等到全部終於結束，到二十五歲開始上班時，發現這一切的努力，不過就多値三千元……那幹嘛不從十五歲玩到二十五歲，把念書的時間用來體驗更多的人生，擁有更多美好的回憶？

想到我們放棄多少可以談戀愛的機會，犧牲了這麼多，就爲了進入職場時多賺這三千元，這個領悟是很傷人的。所以上班的第一天，往往不是覺得開心，而是失落；上了一天班回到家，看著電視，不禁納悶：「我二十幾年來的努力，就是爲了找到這份工作，然後下班回家看著一成不變的電視嗎？」等上了一個星期班，不禁感慨，這就是未來四十年我要過的日子嗎？

如果我們原本想追求的人生，就是在一個穩定的環境中工作、賺一份穩定的薪水，這樣的選擇沒有什麼不對，也能過得很滿足、快樂。但比起十年如一日的人生來說，眞正可怕的是，你並不想要這樣的生活，想擁有一個完全不同的人生，但是這輩子卻從來沒去試過。當我們認清了在職場上，我們並不特別的事實之後，反而應該得到一種豁然開朗的領悟：**正因為我們並不特別，所以即便嘗試了別的選擇，也沒有什麼好損失或好害怕的**。爲了我們想追求的人生，更應該有勇氣去嘗試現況之外的各種選項。

找到你的熱情，只求不後悔

當我們還是小孩時，總以為一切是永遠不變的：父母永遠不會老，自己也永遠會是小孩。上高中後，有次放學我到爸爸的辦公室找他，走進他的洗手間洗了把臉，抬起頭來卻赫然發現鏡中的人正瞪視著自己。那張陌生的臉孔，原來是穿著高中制服的我。那是日常生活中，少數我會停下來審視自己的時刻；看著自己桀驁不馴的眼神，我第一次恍然大悟，自己早已不是小孩，而是進入叛逆期的青少年了。

最浪費不起的是時間

有句美國俗諺是這麼說的：「你永遠不會相信自己有天會變老，直到有天你真的變老。」（You will never believe you will be old until you are old.）雖然現在已三十歲出頭的我，跟二十二歲的自己相比，似乎並未感覺到有什麼差別。我們的上一代，三十歲時大多已經結婚生子，爲人夫、人父了；而我們這一代，到了三十歲還是跟二十歲一樣，打電動、玩手機、穿牛仔褲，年齡的界限彷彿愈來愈模糊。然而在這段成長過程中，每個大人都會跟你說，不要想那麼多，以後多的是時間；但如果我們停下來好好思考，到底什麼時候會有時間？對我而言，鏡中人還是個高中生的那一刻宛如昨日才發生，但事實是，十幾年的時間一晃眼就過去了。人生中唯一用錢買不到的，就是時間。我們必須認清的第一個前提，就是一切都是有限的，尤其是時間。

如果沒有意識到自己的時間是有限的，就不會有危機感，自然也就不會去在乎。認清「一切都是有限的」，這是第一個我們必須接受，並且強迫自己去思考的重要觀念。沒錯，十八歲時，我們還可以重修、念大五、大六，因爲年輕時，總認爲自己有的是大把時間可以揮霍。但事實是，十八歲就這麼一次，時光一去不復返，所以才會有「時間」的機會成本代價。時間，是我們唯一賺不回來的事物，年輕人永遠要先認清這一點。雖然有人會說，健康、感情等，也是失去就回不來的，但是如果有時間，這些東西或許還有挽救的機會。只有時間，是百分之百回不來的。每個人，都只有一次十八歲。

人生苦短，最好值回票價

認清楚時間的有限，會讓我們有危機感，逼我們更有效率地去做每一件事。逼我們去念的每一個學位、去創的每一個業，都必須以更有邏輯、更有效率的方式去執行，因為每做一個決定，就要花上人生中寶貴的三、五年時間；因為我們知道自己的人生道路有所規畫，下一個階段會來得比自己所預期的還快，沒有時間可以揮霍浪費。我在念哈佛時，有過半數來念研究所的美國學生，都是自己付就學貸款，因為背負著債務，讓他們在好不容易念完MBA學位之後，不可能再去做一些沒有投資報酬率的事。

時間的有限，會逼著我們腦筋要清楚、有效率地去完成既定目標，逼我們一定要學以致用。幾乎每一場我參加的留學座談會上，都會有人提出一個經典問題，就是：「請問，我該去念MBA嗎？」其實應該先自問的是：「念完MBA之後，我想做什麼？」如果我們最終想做的工作，跟念不念MBA並沒有絕對的關聯性，那麼就不一定要去念MBA，因為這不一定是達成我們的目標最有效率的方法。

如果有一天，我自己也有了兒女，當他們要進國中、高中、大學的第一天，我會給他們什麼樣的建議、告訴他們一定要去思考什麼事情？我想，我會反覆提醒他們的，就是這一點：**你們唯一要確定的一件事，就是在畢業那天，很有自信地告訴自己：「在過去這幾年，我想做的、該做的事情都完成了，我不後悔自己所做過的任何選擇。」**

【關於面試】

面試時除了學歷，還有哪些一定要注意的事？
該怎麼表現，才能增加好感度？
如何談薪水？如何量身訂做每一場面試？

找到你的獨特價值與優勢

最近，我剛好有機會去清華大學參加一個論壇活動，台上有來自不同產業的演講者，分享他們的經驗，台下的聽眾若想提出問題，就以傳紙條的方式，把問題寫在紙條上傳給台上的演講者。

我收到的一張紙條，上面寫了如下的問題：「你好，我以後想去上海從事餐飲服務業，請問現在台灣的年輕人到對岸工作，還有沒有優勢？」等我跟台上與談人都回答了一輪之後，我又補充了一點：「我認為這個問題的重點，並不在於現在台灣年輕人到上海工作還有沒有優勢，真正該思考的是，如果你被聘雇到上海工作，兩、三年之後合約期滿了，你憑什麼留下來？」

想辦法讓自己無可取代

許多曾經到對岸從事服務業的人，他們的經驗談是，中國大陸現在有愈來愈多的五星級飯店，也開了愈來愈多的餐廳、酒吧等；人民整體的生活水準雖然已經提高，但是服務業的水準卻還沒跟上，所以會聘雇大量的日本人及台灣人，過去管理這些住宿、餐飲、娛樂場所。這些服務業的企業主，會從各種產業中找人才、挖角。舉例來說，他問你：「你在台灣平均月薪多少？」你如果回答五萬，那麼他可能會說：「好，我給你六萬，另外包吃包住，加上每三個月一次台灣來回的機票。」一方面薪水比台灣高，一方面包吃包住相當於食宿的消費都不用花錢，所以很多年輕人會因此心動；同時，如果在台灣有三、五年擔任管理職的經驗，到對岸就可以直接管一間店。

有趣的是，我所聽到的這類到對岸工作的例子，合約上寫的聘雇時間都是三年。爲什麼是三年？很簡單，三年時間，剛好可以讓被聘雇的人幫這些企業培訓出自己的人才；等到聘雇時間到了，他們的目的也達到了，被聘雇者剛好可以功成身退。

所以，若以這個問題做爲切入的角度去思考，當我們要去找工作時，不論是打算在台灣、美國還是上海工作，重點都是一樣的：在全世界這麼多人當中，我們有什麼價值與優勢，可以在國際舞台上與別人競爭、從中脫穎而出？就算去對岸工作，三年到了，我們訓練了三年的人都已經出師了，那麼我們自己還擁有什麼優勢，讓企業可以認同我們的價值，把我們留下來？

安排你的專屬故事，行銷自己

有個學弟曾經跟我聊起未來想出國念研究所的想法，他說，因爲自己對運動很有興趣，所以大學畢業後想去美國念運動管理，然後進美國前三大的運動品牌公司上班，接著希望能再被派回亞洲工作，同時還可以把運動風氣帶回台灣。我問他有沒有想過，這些美國公司若是雇用他，理由會是什麼？

因爲美國這類消費產品的大公司，絕大部分只會雇用熟悉當地消費者行爲與消費市場的美國人去做行銷的工作，雇用一個台灣人對美國人做行銷，就像台灣公司雇用一個菲律賓人在台灣市場對台灣人做行銷，這在邏輯上是說不通的。而且即便被雇用的人，未來要被派回亞洲市場，基於成本、便利性等各方面的考量，絕大多數也會是中英文都通的華裔美籍人士；否則一間美國公司在美國雇用一個台灣人，可能還要幫他辦簽證、綠卡，之後再派他回台灣，用意何在？對這間公司來說有什麼好處？

學弟聽完我的分析之後，宛如大夢初醒：「對耶！我從來沒有想過對方『憑什麼』要雇用我。」其實，很多追求自己夢想的年輕人，也會陷入同樣的迷思，一心只想著自己的美好規畫，但在求職或面試時，忘了以對方的角度去設想，去思考自己到底有什麼價值與優勢，讓對方一定非用你不可。所以，當我們在寫履歷時，一定要先去設想，如何讓對方在翻完一千份履歷之後，即便忘了其他九百九十九份，都還記得自己這份具備獨特優勢的履歷，從眾人之中脫穎而出。

其實每個人都有屬於自己的故事，而我們要努力的是，仔細分析自己的獨特之處，把自己的成長過程、家庭背景、教育、課外活動、工作等經驗中的特別之處拿出來包裝，串連成一個「只有我才有」的履歷與故事，不需要硬把自己包裝成一個「明明就不是你」的人。譬如說我的學業成績平平，那麼就不需在學業成績上著墨，去跟學業成績很好的人硬碰硬，而是去包裝其他強項，以這些強項的光芒蓋過其他較不突出的表現。不管是找工作或到國外競爭，遊戲規則不是去硬碰硬，而是每個人都有機會，端看我們懂不懂得好好包裝自己獨特優勢。

面試不比學歷，而是比銷售力

我們在找工作時，往往以為學歷是最重要的焦點，以為所有公司最重視的是學歷。但是在現今滿街都是大學生、博碩士的情況下，其他的特質與能力，往往是公司除了學歷之外，更重要的錄用考量。除非像工程師、會計師之類必須是相關科系畢業者，倘若是一般事務性質的工作，學歷或科系所占的優先順位，其實並沒有我們想像的那麼重要。

面試時，別溫良恭儉讓

當學歷差距不大的情況下，公司在面試員工時，頭腦清不清楚、有沒有自信、有沒有獨立思考並解決問題的能力，會比從哪間學校、哪個系所畢業，來得更重要。舉例來說，若我們去應徵一個編輯的職缺，從新聞相關系所畢業，誠然是一項加分；但如果是從社會系或是園藝系等其他與編輯似乎不那麼直接相關的系所畢業，就沒有機會嗎？當然絕非如此。

因爲大部分公司在面試時，希望看到的是一個思考有邏輯、態度負責可靠、有獨立解決問題能力的應徵者。譬如我今天想做一項市場調查，我告訴你我要的是什麼，你也有能力提出正確的問題、排除執行上的困難，經過充分溝通後，就可以按照計畫、如期完成，提交一份成果報告。具備這種能力的員工，就是公司需要的，這時候，學歷的重要性自然就沒那麼高了。而應徵者是否具備這種能力，通常在面試時就可以看得出來：**是否不畏懼與面試官有眼神接觸、面帶微笑、態度有自信，而且能夠很明確地、有邏輯地回答問題，對於面試官所施予的壓力也能夠處之泰然**。

我們公司最近有個職位在徵人，共有五位應徵者前來面試。全部面試完畢之後，我們決定錄用其中一位大家都認爲表現最棒的A君，他無論學歷、背景、經驗、面試表現都符合我們的要求。另外一位B君，看得出來他很想要這份工作，但面試時的表現並不突出。然而，這位B君在面試之後寫了一封感謝函過來，信中重申他對於這份工作有著百分百的熱情與興趣，如果他有機會得到這份工作，他希望自己能做到哪些事情，並將自己的工作計畫提案，附在感謝函中一起寄了過來。當我們打開他的提案附檔時，才發現他寫得超好，不只是列出工作重點而已，還有詳盡的分析，包括市場、競爭者、時間表、進度規畫等，這令我們爲之驚艷，甚至開始苦惱如何把他留下——譬如先把下一季要徵人的名額先預留給他，或把另一個部門的缺額調過來等。

所以，當我們成功地包裝出自己的優勢時，不管是在面試時表現很好，還是在面試後發現自己沒有表現得很好、再設法去彌補，整個過程之中只要盡全力去展現自己，對方終究會發現我們的優勢，希望能留住人才。就這位 B 君來說，他的精神是我們最欣賞的，因爲沒有人要求他在面試之後再寫任何額外的提案給我們，而且他即使寄給我們，也極有可能改變不了任何事實，改變不了我們已經做的決定，且有百分之九十九點九的機會他會被打槍。但他還是選擇全力以赴。結果，他成功地改變了我們的想法，也爲自己爭取到被錄用的機會。

對於台灣學生來說，有一點要特別提醒的就是：**不要表現得過於謙卑**。雖然台灣的教育從小教導我們要態度謙卑、心懷感恩，而且不要太愛表現。但是在面試時，這些好國民的守則是不太適用的。去面試時千萬不要誠惶誠恐地說：「如果我有這個機會爲貴公司服務……」或是「如果我有這個榮幸，可以被貴公司所錄取……」這一類的客套話，聽起來的感覺就像是：「你若是給了我這個工作機會，完全是好心地在施捨我。」我們應該要這麼說：「我有自信，我的能力必然能爲貴公司帶來相當的貢獻（若能說明有哪些實質貢獻更好）……因此我值得你們錄用我。」言下之意是，如果你們不錄用我，會是你們的損失。這兩種邏輯與出發點，是完全不一樣的。

如何介紹你自己？

哈佛的教授曾經教過我們一條面試時的不成文規定——任何公司都會先問你一個問題：「請介紹一下你自己。」亞洲學生往往會很天眞、直白的開始自我介紹，例如：「我在台南長大，世代務農，家境小康，有兩個兄弟姐妹，念某某國小、某某國中、某某高中。爸媽從小教導我做人要腳踏實地，養成我勤儉務實的美德……」殊不知，這麼誠懇地講了一大堆，卻是完全沒有抓到重點。

以公司的角度來說，他們要你自我介紹時，意思其實是「告訴我，你對我有什麼價值」。你所說的這一切，到底跟這個公司、這個部門有什麼關係？這才是他們想聽到的重點。你當然可以介紹自己在台南長大，然後說清楚「我在台南長大」這件事，跟來應徵這間公司有什麼關係；假如這間公司是在台南起家的企業，那麼這樣的自我介紹就有道理，是一項加分；否則，在哪裡長大，跟應徵這份工作有什麼關係？

許多人對於面試的態度太過輕忽，覺得順其自然就好，或是去碰碰運氣。每當學弟妹跟我說：「學長，我下星期要去某某公司面試了，但是我還搞不清楚這公司在做什麼？」我總會提醒他們，在這個網路資訊如此普及又方便的時代，什麼資訊都找得到，如果對於這間即將去面試的公司一無所知，更應該花時間去做功課，找出這間公司、這個職缺的各種相關資訊，而不能只說：「我什麼都搞不清楚。」如果什麼都不去找、不去做，到時候沒被錄取，其實也是很合理的，因爲這就跟考前不用功，考後被當掉，是一樣的道理。

既然已經決定去參加面試，就必須花工夫去準備。如果不是抱著一定要得到這份工作的決心，又爲什麼要去呢？就像是考托福，已經繳了報名費，也花了錢去補習，當然要抱著一次就要考好的決心，而不是去「試試看」而已。正確的態度是，**把一場面試當成是對方給我們的一個銷售機會**，在三分鐘之內，要把自己包裝成一個最棒的商品，讓消費者心甘情願地掏出錢來購買；簡單地說，我們要說服對方認同自己的價値，讓對方願意雇用我們。

如果從這個切入角度去假想一場面試的場景，一切馬上就不一樣了。我們必須想清楚，「我」這個商品的價值是什麼、優缺點是什麼，如何在短短的幾分鐘之內，把價值與優點凸顯出來，對缺點還可以自圓其說，成功地包裝自己，把最棒、最吸引人的一面，呈現在消費者面前；而爲了精準地投消費者所好，這位消費者偏好什麼樣的商品，全部都要先做過功課。

這樣面試，增加錄取率

面試時先做好功課，對我們的幫助之大，遠超乎你我的想像。對於要去面試的公司、部門、職缺，了解得愈多，面試時自然就會冷靜下來，頭腦清楚，不會緊張害怕到發抖，也才能從容地展現個人的優勢或魅力。

事實上在面試時，單是聽一個人如何問問題、如何回答問題，就知道他有沒有努力做過功課、邏輯思考正不正確、腦筋清不清楚、想法有沒有見地；這對於最後會不會被錄用，有著決定性的影響。

做好充足準備，是應試者基本態度

面試時正確的應答方式是，**不要問太過籠統的問題，也不要給模糊不清的回答**，那表示自己可能一來沒有認眞做過功課，二來對這間公司相關的資訊沒有想法、沒有見解，這都不是好事。

舉例來說，對於來我公司面試的應徵者，我自然會問：「你對媒體有什麼看法？」或是「你認為台灣媒體未來的發展趨勢如何？」這類問題。如果聽到的回答是：「台灣的媒體好爛啊，一大堆垃圾，我都不想看！所以我來你們公司就是想改變媒體生態……」這就是太過於模糊、情緒化、沒有見地的回答。但是如果應徵者回答：「台灣最近出現了很多新媒體，像是『有物報告』『洞見國際事務評論網』『風傳媒』……它們是由○○公司成立的，走的方向是……整體而言，我認為台灣的媒體環境正逐步朝正面的方向轉變。」這樣的回答就好很多，至少有方向、有細節、言之有物，不會讓面試官覺得來應徵的人沒有準備、沒有想法、沒有思考邏輯。

如果通過了面試的一切考驗：做足了功課、把自己包裝得很好、很有個人特色與魅力、思考邏輯清楚明快，通常公司考量的最後的一道關卡，便是這位應徵者是不是公司的同事會喜歡的人？會不會因為孤僻、敏感、少一根筋等個性上的問題而得罪同事，惹出麻煩？美國人是這麼說的：「這個人，是不是你跟同事下班之後，會想一起喝杯酒的人？」他可能很聰明、很有效率、業務能力超強，但同時也是個麻煩製造者，結果可能會是雖然他幫公司省了八小時的時間，然而公司也得花額外八小時，去處理他所帶來的麻煩，他的優缺點可能就互相抵銷了。所以最後一關，就是我們「讓人感覺如何」，換個比較白話的說法，「你是不是個討喜的人？」

這種個性上的評估，以我們公司爲例，甚至有一關會讓我們公司的實習生去面試應徵者，因爲我們要知道，這個員工進來之後，有沒有耐心與實習生相處，會不會只聽主管的話，不理會下面的實習生。

穿著、感謝信，都是面試一環

除此之外，面試時還有些小撇步，只要加以留意，就可以讓面試官增加對你的好感度。譬如穿著，最好選擇符合面試公司企業文化的穿搭，這也是要加以研究的，如果是去銀行面試，當然一定得穿著正式西裝；但如果是去一間新創公司，穿西裝可能太過正式。另外，切記舉止動作不要過於誇張，不要亂開玩笑，也不要碰觸宗教、性別、多元成家、國家認同、政治派系等敏感話題，或是太個人、太私密的問題。

面試後兩天之內，可以發個 email 感謝面試官，主要是感謝對方撥冗指教，另外也期待得到對方的答覆。這個小小的舉動是面試的基本禮貌，也可讓對方增加對應徵者的好感度，這一點在國外是一項不成文規定，但在台灣似乎還不成慣例。如果過了三到五天沒有收到回覆告知面試結果，可以再發一封簡短的email去詢問；如果一週之後還是沒有收到回覆，可再去信詢問。

後續的email可以這麼寫：「您好，我是五天前與您面試過的○○○，因爲這幾天還沒收到貴公司的決定，所以想藉此機會再次強調，我對這份工作有著百分之百的熱忱，如果還有任何相關疑問還請不吝告知，我將非常樂意再次前往貴司，或藉由電話向您說明。」

經由這些行動，應徵者有多想要這份工作，從面試官的角度一看就看得出來。基本上，保持積極進取的態度與心態準沒錯。站在一個求職者的角度來說，最差的結果也不過是得不到這份工作機會而已，有什麼好損失的？如果這次不成功，只要不斷練習，就算失敗了十次，第十一次一定會表現得更好。

量身訂做每一場面試

一個很實際的建議是，在面試之前要做好研究功課，盡可能深入了解每間公司，再依各個公司的不同需求，去量身訂做每一場面試。要把面試當一回事，就像申請學校一樣，先做好大量的研究功課，才能知己知彼，料敵制勝。

你是獨一無二，但公司也是

記得當初在申請哈佛、史丹佛、華頓等學校時，也必須通過他們的面試這一關。我的策略，就是先對這些學校及面試官做徹底的研究。首先，探詢我的面試官是誰、口碑如何、有什麼工作經驗；再來是了解每個學校喜歡招收什麼類型的學生，是保守傳統型還是改革創新型，然後再根據每個學校不同的錄取標準，量身訂做出最適宜的履歷表。

準備面試時也是一樣，先思考面對面試官時，可以提及什麼樣的事蹟或經驗，將會對自己最有幫助。簡單來說，我們不可以拿著一份制式的履歷表到處套用，一成不變地去申請十間公司，因爲每間公司、每份工作所需求的特性與條件都會略有差異，而我們本來就應該考慮到這些差異，據此調整自己所投遞的履歷表與面試表現，以符合外商、日商、本國或新創等不同公司的需求。這並不是說我們得隱藏自己原來的個性特質，而是去凸顯個性中較爲符合自己想從事的工作所需要的特性。

曾經有位同學在舊金山找實習工作時，應徵了十間公司，結果全被拒絕。因爲看不出問題在哪，於是她拿著申請信等文件來請我幫她看看。我看了她的申請信，內容很正常、一般，她寫道：「您好，我畢業於XXX學校，現在正在找實習工作，貴公司是該產業的佼佼者，十分希望能有機會到貴公司實習……」等全部看完之後，我也很納悶：「很好啊，我看不出有什麼問題。」突然我靈光一閃，明白了她的問題所在。我問她：「你用這份申請信，去申請所有的公司嗎？」她很理所當然地回答：「是呀！不行嗎？」

答案是，當然不行。如果拿著一份完全沒修改、再一般不過的申請信去申請十間公司的工作，這種沒有任何細節、把任何一間公司套進去都可以通用的申請信，面試官一看就知道，這個應徵者不過是套上不同的公司名稱就把信寄出來。如果應徵者連爲這間公司量身訂做一份申請信都做不到，那麼面試官爲什麼要把這個工作機會給她，而不給別人呢？這就像申請MBA學校時，申請者不能讓哈佛認爲，他是拿著申請華頓的文件來申請哈佛，所以申請哈佛的文件中，一定要有完全爲哈佛量身訂做的細節，否則哈佛憑什麼選擇這個申請者而不選擇別人？申請工作，也是完全一樣的道理。

面試時放輕鬆，但也不是泡茶聊天

我們若是有做過大量的面試功課後，自然不會犯下某些顯而易見的錯誤，譬如去某個喜歡穩重可靠特質的傳統產業公司應徵時，卻故意表現得叛逆不羈。通常去日商公司應徵時，也會知道自己的舉止要特別有禮貌、稍微拘謹一些，或是表現得保守客氣些；若是去美商公司應徵時，應該凸顯的特性又不一樣，要表現得就事論事，很有自信地說出自己可以貢獻給公司的能力與優點，盡量展現出敏捷犀利的那一面；若是去本國公司應徵時，則應該展現出謙虛、認眞、勤奮的良好學習態度。

正因爲每間公司的文化都不一樣，所以前提就是「不要偷懶」。想像自己去面試，就像去一間電影公司試鏡，要根據對方的要求，盡量去發揮、呈現最好的一面，把這場試鏡演好，就可以成功地得到這個角色。因此，我們得先做大量的功課，了解這家公司的歷史、部門組織、公司文化等，甚至可以根據公司寄來的通知，知道要跟自己面試的人是哪一位，然後可以去搜尋對方在公司的服務部門、職稱、曾經待過哪些部門、做過什麼事、在公司工作了幾年等相關資訊。做好萬全的準備，有利無弊。

談薪水，別再說按公司規定

我從哈佛畢業時，哈佛大學早已公布前一年MBA畢業班的就業薪資數字——全班的平均起薪是年薪十一萬美金（約三百五十萬台幣），並仔細分析哈佛MBA畢業生從事各種職業的薪資範圍，包括最高、最低、平均薪資等各項數字。因此，所有MBA畢業生都知道，從事管理顧問工作，平均年薪是十一萬五千美金；從事銀行業工作，平均年薪是十三萬美金等，鉅細靡遺，等於學校已經幫我們做好了功課。所以當我出去找工作時，我對於這間公司去年是用多少起薪雇用我的學長姐，而我有多少的議價空間，完完全全地一清二楚。

薪水報價，自信的衡量指標

舉例來說，如果我今天要去美國的蘋果公司面試，根據學校提供的資料，我知道去年蘋果是以十一萬到十二萬美金的年薪雇用了我的學長姊，也知道整個矽谷這個行業的薪資數字，像是最低八萬五千美金，平均十二萬美金，最高十三萬美金，諸如此類，學校都有列出來，好讓畢業生找工作時可以做比較。而我們要去面試的公司，甚至面試我們的人，其實也都心知肚明，知道這些薪資數字都是公開的。

如果這個工作的年薪是十一萬到十二萬美金，通常學校會教我們，在談判薪水時，不能只要求低標的十一萬，因爲這會代表自己沒自信。那麼，要求高標的十二萬呢？可以，但是我們必須有百分之百的自信，認爲自己是今年來這個公司應徵的人當中最優秀的。所以，學校會建議的不成文規定是，可以要求得比平均薪資高一些，但是不超過最高薪資；以這個例子來說，譬如這個工作的平均薪資是十一萬五千美金，那麼可以要求十一萬七千美金，這個數字代表的是：我對自己有信心，値得拿這個薪水，但又不會表現得過度自信。

國外的履歷表上，通常不會要求應徵者寫出自己期望的薪資數字，除非是那間公司制式的表格有預留這項欄位。之前還在外商公司上班時，有一次我在面試我的祕書，確實看到公司表格上有一欄是「期望薪資」（Expected Salary）；當時我記得，公司是預計以三萬五到四萬美金之間的薪資來提供這個職缺，而我的秘書來應徵時，在「期望薪資」的欄位中塡的是四萬二千美金。面試完她之後，公司的人資長過來問我：「這個人如何？」我說：「還不錯，你們可以考慮錄用她。」雖然這個職位原本設定的最高薪資是四萬美金，但因爲她的面試表現不差，後來公司還是給了她所期望的數字。我想這就是大部分美國人的做法：如果我知道你可以接受的最高薪資是四萬美金，那麼我就會故意提出一個四萬二千的數字，比四萬再高一點。

其實不管在哪間公司，對面試官而言，詢問應徵者自己所期望的薪資待遇是一個很棒的問題，因爲從應徵者的反應，就可以看出他有沒有自信。

如何談第一份薪水？

我在上一份工作與前老闆面試時，因爲他也是哈佛MBA畢業，很清楚這些薪資數字，也知道我一定都知道。所以他直接問我期望的薪資待遇是多少：「How much do you want? Tell me!」（直接說你想要多少吧！）言下之意是等著看我怎麼出招。於是，我說了一個比平均薪資稍高的數字，而他也當場接受了。

那麼在台灣，剛畢業的大學生或初入職場的新鮮人，該如何去談自己的第一份薪水？其實邏輯是一樣的。第一步，永遠一定要先做好功課，了解自己要去應徵的這間公司、這個職位的一切，包括薪資待遇。除了上公司網站、１０４之類的人力銀行網站等去找資料，也可以用最簡單的方法，就是用問的：問朋友的朋友、同學的同學，看誰曾經在那間公司工作過，或是在性質相似的公司待過，就可以詢問他們相關的部門薪資待遇，會落在什麼範圍之間。

同時，本國公司、日商、美商談薪水的方法都不一樣，本國公司可能已有固定的薪資架構，所以「議價空間」不大；日商公司畢竟屬於外商，空間會稍大一點；至於美商公司，也是外商，只要敢試，空間會更大。**針對不同的公司，不可能用同樣的方法去談薪水**，這是無庸置疑的。

那麼，假設你要去應徵的公司，給這個職缺開出的薪資待遇是四至五萬，你敢不敢要求他們給你五萬？如果敢，就要準備好回答這個問題：「告訴我，憑什麼要求給你最高的薪資待遇？」接下來，如果可以很有自信的直視面試官，侃侃而談自己要求這最高薪資待遇的理由、值得公司給五萬的理由，那麼對方有可能被說服，接受你的理由與要求。當然，理由絕對不可以這麼說：「我覺得我就是值五萬。」這種回答只會讓面試官留下不好的印象。真正應該要陳述的，是具說服力的理由，譬如：你是從哪間好學校、哪一個知名的科系畢業；曾經輔修過什麼相關科系或是選修過什麼相關課程，是對現在這份工作有助益的；在學校有過什麼相關經驗（課外活動、實習工作）、或是在職場有過什麼相關工作經驗（如果這不是你的第一份工作），對於擔任這份工作會產生極大的幫助。甚至進入這間公司之後，可以運用什麼資源去幫助這個部門、帶入多少業績等實質貢獻。

以面試官的角度來說，他期望的是應徵者可以有條有理地說服他：「為什麼我值得你提供最高的薪資？」當他聽到應徵者要求五萬時，會認為有這個自信是一件好事，但如果對方沒有辦法合理地說服他，他也會擔心這種自信並不是因為有著眞材實料，而是因為過於狂妄自大；除非在接下來的陳述中，應徵者可以用不卑不亢的態度，一項項地說明理由，合理地說服他，才會有加分的效果。

因此，對應徵者而言，先想清楚自己的「議價實力」（Bargain Power）是什麼很重要。如果今天你是被公司挖角來的，當然另當別論，代表這公司或許已經找了一百個人，但還找不到適合的人所以想挖你過來。在這種情況下，議價空間就非常大，年薪、福利、股票等都可以談；如果知道這個職位的薪資上限是五萬，甚至可以開價五萬五千。但是，絕大部分的年輕人進入職場時，可能是相反的情況，毫無議價空間可言。這種情況下，首要之務則是：如何在這一百個人當中凸顯自己，讓自己成為令人印象最深刻的那一位。

別讓爸媽陪你面試

面試時還有一點非常重要，就是避免讓爸媽陪同。這會給人「媽寶」的印象，也讓絕大部分的面試官一看就會在履歷上打叉。

家長陪同面試，百害而無一利

以公司的角度來看，即便表現在所有應徵者中是第一名，但是若還要家長陪同面試，就這點來說只會讓人擔憂應徵者是不是還沒準備好步入社會，是不是個「媽寶」。除非面試的公司位置很偏僻，或是面試的時間是晚上，家長基於安全考量才陪著孩子一起來，這些情況還情有可原；否則在任何面試的場合，家長陪孩子一起去，絕對沒有任何好處，只會大大扣分。而家長陪孩子去面試，對孩子的處境已經很不利了，如果家長再表現得不可理喻或盛氣凌人，更是雪上加霜。

當然，也有例外的情況。

有一次，一位大學二年級的女生自己寫信過來，表達想來我們公司實習的強烈意願。在我們公司並未主動徵人的情況下，舉凡會表示想來實習的學生，個性多半都是主動積極、頭腦清楚、知道自己要什麼、有做過功課的，我很欣賞這種主動出擊的處事態度。但是，當我請那位女生過來辦公室面談時，她的母親卻跟著她一起來了。我很疑惑這位個性應該是很積極、有主見的女生，爲什麼需要家長陪同來面試呢？

等坐下來開始面試時，我很直接地詢問：「那是你媽媽？」她低著頭回答：「是。」我問她：「爲什麼你會要媽媽陪你來面試？」她很不好意思地跟我說：「對不起，我知道這看起來眞的很奇怪，但是我媽媽堅持一定要陪我來。」她解釋：「我媽媽其實很像小孩子，如果我跟她說我長大了，不用陪我，她會很難過很傷心。我也知道她跟來眞的很奇怪，但是請相信我，我已經在找方法解決這個問題，慢慢地讓她知道，有些事我自己做就可以了。」

她解釋完，又很抱歉的補了一句：「我知道眞的很奇怪，對不起。」

原來有時候，長不大的不是孩子，而是他們的爸媽。

【關於職場文化】

陪客戶應酬是職場慣例嗎？

客戶熱情送禮搏交情，該怎麼應對？

苦差事，是「磨練」還是「磨難」？

加班，一種可怕的企業文化？

從加班這件事來看中西方企業文化，差異就相當明顯。可能百分之八、九十的亞洲人會認為加班是正常的（這個比例在年輕族群中或許會低一些），甚至老一輩還會認為加班是應該的、必須的；但是，大部分的美國人根本不會有這種心態。

加班，其實是察言觀色的結果

我還在美國工作時，每個月都得飛東京開會。在日本的辦公室，雖然表定下班時間是六點，但是七點了走出辦公室一看，卻發現大家都還在位子上；等到八點，居然都還在！原來在日本的職場文化中，一般科員只要看到他的科長或主管還在辦公室，或是大部分同事都還沒走，自己就不好意思或不敢下班。但是在美國，如果下班時間是六點鐘，百分之八十的美國人六點零一分就很準時的走了，不會有亞洲人那種情緒上的擔憂。大部分的美國人是不管這個的，如果他要下班了你去問他事情，他會跟你說明天再說。當然還是要看工作性質，若是負責行銷、設計等業務的主管，也免不了要加班，週末可能還得工作。

當時，美國的辦公室有一位高階主管是從小在美國長大的日裔美人，對美國與日本的文化差異也有深刻的體會，常會與我分享。他曾經問我一個問題：「你覺得美國人比較努力工作，還是日本人比較努力工作？」他自己認爲，整體來說，日本人比較努力工作，但美國人是比較聰明地工作；因爲美國人沒有那種「我一定要待到八點才能下班」的包袱，爲了要準時下班，就會用最有效率的方式把該做的事做完。譬如開會、討論事情，比較不會在乎太多與無關工作的事，不會浪費時間去應酬問安、顧慮對方的面子問題、考量種種錯縱複雜的人際關係等，而是針對該討論的事項，就事論事。坐下來開會時，會直截了當地開始討論問題及解決方案，主席不會先說二十分鐘的開場白，與會的人也不用配合著猛點頭、輪流分享心得感言。以最有效率的方式來工作，大方向就是，如果這件事可以五分鐘完成，就不要花上十分鐘。

就我自己的觀察，其實不只是日本人，亞洲人普遍都會有「老闆同事沒下班我不能走」的心態與壓力。連我自己現在創業了，也不得不承認，譬如現在已經晚上八點了，整個辦公室大部分的同事都還在，有人先下班的話，我也會稍微看一下；雖然並不會因此對這個員工印象不佳，但這說明了一件事：在亞洲這種加班文化的影響下，不論是主管還是員工，或多或少還是會有那種「大家應該要一起加班」的同儕壓力。

若是在美國，大部分的人不會在乎我們工作到幾點，只會在乎我們的工作表現。所以如果有本事把事情做完、績效也達成，就算下午三點走也沒人會說話。至於年齡、年資、膚色、性別、來自什麼國家，基本上都有法律條款的保障，不會對考績造成影響。美國這種「就事論事」、不講人情的工作方式，有些人如魚得水，覺得沒有包袱，開會時不必擔心你發言批評的對象大你二十歲，年節時也不必特地提著伴手禮去拜訪上司。但是如果是被日本公司派去美國工作的第一代日本人，感受就大不相同。他們覺得美國人做事很冷酷現實、自我中心、不講人情也不給面子，不在乎別人的感受。這一點尤其在裁員時，更是讓人感受深刻。在美國公司，即便是做了三十年的高階主管，表現不好也是二話不說就被裁掉了，沒有任何保障；但是在亞洲公司，公司若要裁員，也會先裁比較資淺的人，而不會那麼不講人情裁掉一個已有三十年年資的老員工。

從「努力工作」轉換為「聰明工作」

我爸媽那一輩的朋友，有些在美國已經待了二、三十年，都有這種共同的感受。當他們二十幾歲來到美國時，覺得美國是個令人興奮、人人都有機會的地方，對年輕人來說沒有包袱，可以靠實力去打拚、競爭，沒有實力就出局，很公平；但當他們五、六十歲，變成年輕人眼中表現不好的老一輩時，就會愈來愈不喜歡這個國家，因爲在工作上，他們得不到尊敬，也沒有任何保障。

平心而論，西方企業創新能力強，亞洲企業組織較穩健，各有優缺點，但也各有他們的機會成本代價。譬如美國公司自由沒有包袱，可能會犧牲掉資深員工；日本公司安逸保守，代價就是比較僵化、難以變通。其實當初我會進入之前的日商公司工作，原因之一也是因爲日本企業已經意識到這個問題的存在，希望引進新血來活化組織。矛盾的是，老一輩的日本人一方面希望年輕人站出來做出改變，一方面又無法接受這些年輕人帶來的職場倫理衝擊。長期來看，亞洲企業要從「努力工作」轉換爲「聰明工作」，就像現在社會上任何的問題一樣，譬如種族歧視、性別歧視等，都得經過一段緩慢而痛苦的陣痛期，直到年輕世代隨著時間逐漸變成社會的主流時，才能將年輕時建立起來的正確觀念延續下去，從以前的包袱中解脫，做出真正的改變。

「尊重」傳統而非「妥協」

說到職場倫理，西方企業雖然不像亞洲企業那麼重視，甚至年輕人會認為是舊時代傳統的包袱，大加撻伐。但是從老一輩的美國人眼中看來，其實有傳統並不是件壞事。有一個我在紐約POLO旗艦店實習時發生的有趣小故事，頗為傳神地闡述了這一點。

年輕人，你怎麼不吃？

我在紐約POLO的旗艦店度過一段相當愉快的實習生涯，我超愛那間店，到現在都還非常懷念。同事幾乎都是土生土長的白人，我是其中唯一的亞洲人，但彼此相處得十分融洽。

當時女裝部的經理是一位五十幾歲很精明幹練的媽媽，某個週末正好適逢美國國慶日，她烤了一大盤的杯子蛋糕，端來請大家吃。她才剛端進辦公室，我也剛好走進去，於是她馬上招呼我：「Joey！來吃蛋糕！」然後就轉身先去忙別的事情。

我拿了餐具，正準備要去拿蛋糕時，好死不死，剛好看到有隻蒼蠅停在蛋糕上！我愣了一下，正在猶豫到底要不要拿來吃，萬一拉肚子怎麼辦？我的老闆，也是這間店的店長，就在這時候走進來，看到我拿著餐具呆站在那兒，問我：「年輕人，你怎麼不吃？」我解釋：「因爲剛剛看到有蒼蠅停在上面，我正猶豫要不要吃……」他還沒來得及回答，端蛋糕來的經理媽媽又轉回來了。她奇怪地看了我一眼，納悶我爲什麼還不吃？爲了不傷她的心，我只好硬著頭皮，把蛋糕拿起來大口咬下。經理媽媽看我吃了，才開心地露出笑容，轉身去做別的事情。

這時，在旁目睹整個經過的店長看了我一眼，露出會心的微笑。他知道我本來在猶豫不決，結果因爲不想傷女經理的心，還是吃了蒼蠅停過的蛋糕。我開玩笑地說：「這就是當華人的詛咒，我們太尊敬我們的長輩了。」

結果他聽了我的話，笑笑地回了一句：「這可不是一件壞事。」

重視倫理，但練習擺脫傳統包袱

在美國社會，如果同事請吃東西而自己不想吃，可以很有禮貌地跟對方說：「對不起，我不吃這個。」對方也沒有理由生氣，因爲這是個人的選擇，我們有自由選擇接不接受，而別人必須尊重這個選擇。但是亞洲人往往不這麼想，譬如別人敬酒，若不喝，說不定就會覺得是看不起、不尊重他，是很不禮貌的行爲，尤其對比自己資深或是年長的人來說，更是如此。

放大來看，這種思維與心態就是一種包袱，我們怕被別人排擠、怕別人認爲我們不合群，最後只好妥協，勉強自己去做其實不想做的事。國家或民族的性質愈單一，傳統的包袱就愈重；而包袱愈重，落差就愈大，日本、韓國、中國大陸、台灣都有這樣的傾向。包袱太重，會使得整個文化變得僵硬而沒有彈性，當上一代將他們的觀念及作法強諸於年輕一代的身上時，年輕一代若是不敢反抗，只好妥協、接受。但從另一個角度來看，美國人太不在乎，又會顯得太過冷漠。因此，如果是適度的尊重，不要太過於堅守這些傳統而不知變通，亞洲人尊敬長輩、重視倫理，其實是一件好事。

而身爲愈來愈國際化、愈來愈具備世界觀的這個世代，很棒的一點，也是之前的世代可能無法做到的是，我們了解自己文化的優點，也了解其他文化的優點，所以我們可從不同的文化中獲益，試著去用其他文化來看待自己文化的問題，也可以用自己的文化來看待其他文化的問題，跳脫原本狹隘的世界，學習用更開闊的視野來看待這個世界。

應酬，算分內工作嗎？

我在上海工作時，深深體會到亞洲企業把「情」置於「理」之前的現象，可說是無遠弗居，尤其在中國大陸又更為普遍，長期下來就變成了惡性循環。當時一些實際發生的情況，令我至今仍然印象深刻。

東方應酬文化，導致「關說」普遍

舉例來說，當時有個客戶想跟我們公司簽約，於是想盡各種辦法去討好、攏絡公司的主管上司；如果東京總公司有主管飛過來，就會被這客戶請去最高檔的場所、享用最高級的晚餐。有次，剛好席間聊到這個主管的太太也來到上海，她最喜歡吃某間店的北京烤鴨，這客戶知道了還特別叮嚀他的司機說：「你待會兒去那間最有名的店買北京烤鴨，等我們吃完飯你送這位主管回飯店時，記得把北京烤鴨給他的夫人送去。」

對於凡事講人情的東方人來說，這類貼心又殷勤的舉動是很受用的，也常會因此被打動，進而把客戶、廠商都當成是朋友。愈走愈近的結果，很容易就會公私不分；送個小禮物、幫些小忙，有些舉動或許還稱不上是賄賂，但已經是在灰色地帶，從微小的地方開始，慢慢地讓你習慣他的人情，最後達到他的目的。於是一個不小心，小禮物變成大筆佣金，幫個小忙變成承包所有案子。

這種亞洲特有的人情文化，對於許多初入職場、新世代的年輕人來說，可能會覺得很困擾。在美國的商務往來場合上，簽約這件事不需要跟客戶吃飯、喝酒或送禮掛勾。如果送北京烤鴨到飯店，或許還被認爲是騷擾呢。就像好些初入職場的學弟妹都跟我抱怨過「陪客戶應酬」是浪費錢又浪費時間的苦差事，爲難之處在於去了不喜歡，但不去也不行。應酬這種不成文的習俗，在亞洲社會由來已久，也是亞洲社會普遍的包袱之一，好像不跟客戶吃飯喝酒就拿不到訂單，尤其傳統產業更是如此。

假設客戶公司的總經理來商討簽約事宜，晚上要請你吃飯。在美國，或許還可以理直氣壯地拒絕，但是在人情包袱沉重的亞洲社會，可能連「不」都說不出口。我經常想起在美國工作的時光，那兩年，我從來不曾寫信給我的客戶或供應商說要一起吃飯喝酒，簽訂合約只跟產品、價格等條件有關，跟我的年齡、年資、晚上是否空出時間來應酬，一點關聯都沒有。而且我總認爲，除了公司的派對或宴客場合可以一起出席之外，若是要求客戶出來陪我吃飯、喝酒，感覺像是在打擾對方，是一種不禮貌的行爲。

美國加州甚至規定，每一個主管都要考過三個小時的主管筆試，內容是所有主管都必須了解的相關法令；所以我上班第一天，就去考了這個試。其中，就有一條是關於美國的《性騷擾法》，其中規定不管是男是女，只要覺得主管的作爲令你感到不舒服，就是性騷擾；這是一條超級保護人權的法規。舉例來說，如果我是主管，我跟一位女員工交往，而另一位女員工覺得在這個部門中，似乎一定要跟主管發生關係才能升遷，這令她感到不舒服，她就可以告我性騷擾。一旦這樣的邏輯成立，你絕對不敢在工作場合有任何逾矩的行爲，因爲就算你去拜訪女客戶，晚上一起吃個飯，都有可能構成性騷擾。這是美國法治精神的一種落實與展現。

但是在常把「情」放在「法」「理」之前的亞洲社會，應酬習慣之所以這麼普遍，是因爲亞洲人習慣經由應酬這類的活動去了解同事、熟悉客戶之後，才能更信任對方，也才願意跟他共事或給他訂單。而最根本的原因在於，我們在判斷事情時，總是把自己的情緒、感覺，與理性的思考攪和在一起，沒有切割開來。舉例來說，我是政府官員，你是供應商，你帶我去吃飯喝酒，等我們混熟了之後，如果現在有個案子，你跟另外兩間公司一起來標，你開的價格雖然比較高，但我覺得自己比較信任你，所以還是把案子讓你承包，這種「關係」再放大一點，就變成「關說」「賄賂」甚至「貪汙」。所以，亞洲社會關說案層出不窮，實在不足爲奇。

讓業務單純，讓工作高雅

要根除應酬，最根本的做法就是把「我喜不喜歡你」跟「我要不要給你這個交易」，完完全全地切割開來。但是這一點，亞洲人往往做不到，因爲「關係」在亞洲社會被普遍地運用，不但找工作要打電話找熟人，幫小孩找學校要找關係，就連買個電腦都可能要找朋友介紹，看有沒有認識的人可以買到便宜一點的。

剛從哈佛畢業時，我在美國工作，爲了讓公司產品進入南美洲市場，我去找哈佛校友會的名單，想試試看有沒有機會可以找到人願意幫忙，果眞讓我找到一位在南美洲工作的校友。雖然我們完全不認識，還是先發了email過去，再以視訊電話跟這位校友聯繫上，相談甚歡；後來透過他的介紹，還成功地簽下了一個百萬美金的合作案。後續因爲我要把這個案子轉給另一位主管來接手，所以在最後一通電話中跟他說，雖然素未謀面，但眞的非常感謝他這麼幫忙，請他給我地址，我打算致贈一些公司的小禮物給他，略表謝意。我們公司製作的小贈品對他來說，可能也僅有紀念價値，但是這位校友連這樣的致意都婉拒了；他跟我說，我們的好意他心領了，因爲他的公司對此有很嚴格的政策，不能收取任何餽贈。如果我們寄了禮物過去，他還得轉交人事部門處理，因爲員工是完全不能收取這類禮物。

最後他再強調一次：「我非常感謝你的心意，但是我眞的不能收。」話說回來，各位能想像嗎？這位校友自己，就是該公司的創辦人兼CEO！身爲公司高層，如果他眞的收了禮，誰敢有二話？但即便如此，他仍然堅守公司訂下的原則政策。這與亞洲企業行之有年的人情包袱、送禮文化，的確有著相當落差。

我們初入職場時，身爲大企業底下的小員工當然還無力做出任何改變，但請謹記當有朝一日輪到自己成爲決策者時，千萬不要讓這樣的情事影響到專業判斷。任何事，都是從微小的改變開始：可以從伴手禮的收受變成大標案的賄賂；也可以是從小地方的堅持變成大公司原則的訂定。想想這位創辦人兼CEO的堅持，縱使職場上難免會遇到類似的狀況，但我們仍然做得到把「情」跟「理」分成兩件事看待。

中日應酬面面觀

我在上海工作時，每個星期都會有一到兩次要跟客戶應酬，而每個月飛東京出差時，則幾乎是每天都在應酬——不是跟客戶，就是跟同事。比較中國人跟日本人的應酬，我個人認為最大的差別在於，中國人的應酬目的是談生意，希望透過應酬讓對方有好的印象，促成簽約或是把生意談定，屬於一種有目的性的應酬；日本人的應酬則比較偏向於搏感情，凝聚工作團隊的向心力。

在中國應酬，感受到爾虞我詐

我對上海最大的印象，就是一個星期至少有一天得應酬到三更半夜，頭昏腦脹的帶著醉意回到家，然後第二天還得早起去開會。在中國跟客戶應酬，感覺上是純爲應酬而應酬，就算去最好的餐廳、喝最頂級的好酒，我還是會清楚的知道，這一切都是空虛不實的假象；那些應酬的人都不是朋友，只是工作上的必須。但是在華人社會中，不出席這類應酬就是不禮貌。因此，雖然吃的是最精緻的美食，我並不覺得享受；雖然喝的是最昂貴的美酒，我也不能在客戶面前喝醉。某種程度上來說，這類的應酬是一種爾虞我詐的陷阱，客戶會觀察廠商的表現，而另一方面，廠商同樣也在觀察客戶的反應。

日本人的應酬又不太一樣。我在上海時，每當我的祕書告訴我：「今天有日本人從東京飛過來，要約五點鐘開會。」這時我就知道，這個「會」非到午夜十二點才能結束。因爲，開完會剛好六點下班，他們會說：「一起吃個飯吧！」一起吃飯吃到八點鐘，他們又會說：「一起去喝一杯吧！」非得應酬到十一、二點才回得了家。但你說，他們是惡意的嗎？並不是。五、六十歲的日本人，他們的觀念是，既然要一起共事，就要透過這種方式更了解對方，之後才能更信任對方。所以，如果不去應酬或是沒被老闆叫去應酬，某種程度上就代表不夠受到重用，在這間公司沒什麼前途。

在日本應酬，感受到同袍之情

在東京時，我也陪日本老闆去酒店應酬過，觀察日本中年男人跟媽媽桑的互動，剛開始我頗爲納悶：「就這樣？這種無聊的活動有什麼意義？」當我忍不住吐露心中的疑惑時，我的日本同事嘆一口氣說，現在愈來愈多的日本年輕人都有同樣的感覺，認爲這種應酬沒有意義，浪費時間。但是後來我發現，日本同事間的應酬，其實是一種培養感情的方式。

在日本，因爲大家的工作壓力都很大，晚上一起去喝個爛醉之後，整個團隊的人在半夜十一、二點，一起東搖西晃的走在東京街頭，有些人攔計程車回家，有些人去趕最後一班地鐵；有趣的是，凌晨時分的東京地鐵站外頭，常有西裝畢挺的上班族醉倒在地，大家也都見怪不怪。等到大家一起搖晃到地鐵站要各自回家時，就連五十幾歲，英文不怎麼好的資深同事，都會過來跟我說：「Joey! So happy to see you!」然後給我一個大大的擁抱。大家抱成一團道別時，感覺眞的很溫馨，會讓人覺得不管自己是來自哪個國家、不管膚色是什麼、不管聽不聽得懂日文，大家都是一個團隊；那個時刻會頓時讓人了解，爲什麼日本人會喜歡下了班還要跟同事去應酬，那種向心力的凝聚方式是無可取代的。

從這一點，就可看出日本與美國企業文化的不同。日本人在職場上因爲太過壓抑，喝了酒之後感情便完全地獲得解放；在美國，用這種方式跟同事搏感情，相對來說是比較少見的，大家爲了某事一起去吃披薩、牛排，喝一杯慶祝是有的，但是那種方式是屬於慶功宴，性質又不太一樣。不過整體來說，隨著世代的遞嬗，應酬的場合與文化，在日本也已經在加速凋零了，新世代的年輕人寧可回家，也不願把時間花在他們認爲無意義的應酬活動上。

夢想之路，或許是一趟天堂路

我二十三、四歲剛進瑞士投資銀行實習，當時還沒有智慧型手機，商務人士用的都是黑莓機。跟同事一起去吃午餐時，我很納悶，為什麼那些同事連中午吃飯都一直在按他們的黑莓機，不累嗎？有什麼事不能回到辦公室再回email？有差這三十分鐘的午餐時間嗎？

後來有個MBA同學進了蘋果電腦工作，據他描述，從星期天晚上開始，他就得隨時握著智慧型手機，因為星期一要上班了，所以星期天晚上他的主管就會開始狂發email交代星期一的工作；而他若是在一個小時內不回覆的話，主管還會繼續寫email來問他為什麼不回信？工作的壓力大到讓員工幾乎沒有個人的時間和自由。

為工作犧牲私人時間，值得嗎？

以上例子是想要說明，不論我們想要什麼，都得付出相對代價。以加班來說的確是一件苦差事，但如果想在外商銀行、蘋果電腦等職場工作，身爲精英的一份子，就必須接受無止境的加班生活，端看自己認爲值不值得。高薪的工作人人愛，但在大部分的情況下，是無法魚與熊掌兼得的：既想要薪水高，又想準時下班，還認爲加班是一種剝削。

苦差事教會我的一件事就是，**愈能夠泰然地接受加班這個事實，把它視為自己想在這些頂尖公司中工作、理所當然必須付出的代價，心態就愈能調適過來。**我們若是進入銀行業、管理顧問、創投之類的公司上班，那種加班的情況是大家都在加班，跟你來自哪個國家，一點關係也沒有，所以這個週末要不要加班，根本不是一個問句，而是「本來」就該來加班，是一件理所當然的事。如果你會因此而抱怨或是無法接受，那就不要進來這些行業或公司工作。

還有一點在心態上的建議是，與其把苦差事視爲磨難，還不如把它當成一種難得的訓練，事過境遷之後回想起來，會發現自己的收穫遠比預期來得多。

記得自己在瑞士投資銀行工作時，不但每天得從上午八點開始上班，一直工作到半夜十二點才能回家，連週末都不能休息，所以除了上班跟睡覺之外，幾乎沒有時間去做別的事。某個星期五，我剛好可以早一點下班，於是跟朋友約了聚餐，很偶然地認識了一個女生。當時雙方印象都不錯，感覺有機會可以交往下去，但問題來了：我一星期幾乎七天都在上班，而且每天都得工作到午夜十二點，要排什麼時間來跟她約會呢？

這個邏輯其實非常簡單，如果眞的想跟對方交往，勢必要有時間來約會，不管時間要從哪裡擠出來；那麼，既然上班時間無法調整，就只能犧牲自己的休息與睡眠時間。於是當年才二十四歲的我，跟這個女生約會的時間都是訂在半夜十二點，兩個人去東區吃消夜、散步到凌晨兩點，我再搭計程車回家，回到家整理整理，三點上床睡覺，早上六點半起床，準備去上班。這就是我爲了談戀愛得付出的機會成本代價。

當年有人逼我去瑞士銀行工作嗎？沒有。有人逼我去追女朋友嗎？沒有。但如果我想兼顧，當然得做出一些犧牲，所以我決定犧牲自己的休息與睡眠時間。過了六、七年，回想從前，我一點也不後悔，反而覺得那是年輕時一個很美好的回憶，因爲那是我三十歲時絕不可能再去做的事。這就是我們應該這樣去看待苦差事的邏輯：**永遠要選擇那個現在放掉後，這輩子再也不會有的機會**。如果我們可以做出讓自己不後悔的選擇，過了幾年之後再回頭來看時，當年再怎麼苦，都會是一個很美好的回憶。

剛進職場的學弟妹，也常常抱怨苦差事總是落在他們這些菜鳥新鮮人頭上。對於這一點，我也常舉自己剛進公司的例子給他們聽。我剛進公司第一年，因爲壓力太大，開始罹患「手機震動症候群」，症狀是只要手機一震動，我就會像兔子一樣跳一下，隨時處於緊張焦慮的狀況之下。

想成為將才，就別怕累、怕被電

記得第一次跟老闆去東京總公司開董事會，是爲了一個規模很大的併購案，會中要討論這個案子的各種可能性與做法。第一天開會，從早上九點開到晚上，沒人管我有沒有調好時差，所以只好不停地掐捏自己，以免在冗長的會議中睡著；等到全部結束，討論出七個可能的方案，於是大家同意回去研究，要我負責後續的追蹤進行，但還沒有訂下明確的時間點再提出報告。終於回到飯店，已經晚上十一點了，我馬上昏睡。隔天早上起床，又繼續去開會。

沒想到一坐下來，我的老闆當著三、四十位董事與總經理面前，對我說：「Joey，你那些方案算好了沒有？」我眞的宛如晴天霹靂、當場傻眼。

通常一個大規模的併購案，牽涉的事務千頭萬緒、非常複雜，所有的價格、報表，都必須去蒐集、計算、評估，要推算出一個可能方案的相關數字得花上好幾個星期的時間，更何況是七個，居然叫我隔天就算出來?!我當時根本還反應不過來，於是小心翼翼的問道：「呃……從昨晚到現在嗎？」

只見老闆臉上完全沒有表情，十分平靜地看著我說：「對呀！你昨晚沒有不睡覺，把它算完嗎？」我只好實話實說：「呃……沒有……」他於是說：「好，那你今天晚上把它算出來。」

這是苦差事嗎？當然是呀。我才剛進公司兩、三個月，還搞不清楚情況，老闆就在幾十位長官面前給我來個下馬威，因爲他要證明給每一個人看，第一，他對下屬的權威無庸置疑；第二，哈佛來的好用，這就是爲什麼他要錄用一個哈佛來的ＭＢＡ。說到底，對他而言我不過是個工具，證明這些新血進入公司之後，會被利用來好好的整頓一番。在那種情況下，遭殃的當然是我這個菜鳥；所以那天晚上，沒有人問我需不需要調時差，沒有人問我累不累，沒有人問我需不需要睡覺，也沒有人問我會不會算——理所當然的我就是要會。**如果我想證明自己的**

價值，就得做。

從那次經驗之後，每當要開會的前一天晚上，我都會提心吊膽的盡可能做好萬全準備，以免在開會時又被老闆問到奇怪的問題。

但我想說的重點是，當我們遇到這類情況時，不需要把它看成是一種上司剝削自己的苦差事，也不應該去計較公司是不是該多給加班費；重點是如果想留下來、想在這環境中繼續學習，認爲自己在這公司未來還有更多發展機會，就得接受磨練，這就是我們的機會成本代價。試想，那是我的第一份工作，讓我有機會看到這一切；在此同時，其他的一千名日本員工可能都沒有機會能夠參與董事會；難道我可以見識到這樣的決策過程，又豈能輕鬆愉快的什麼事都不用做嗎？當然不可能，我自然要付出被折磨的代價。

看待苦差事，理應把它當成是一種「磨練」而非「磨難」。前提是，我們要很清楚地知道自己爲什麼要接受這種磨練，爲什麼我們熬過去是值得的。如果我們進入這個公司時，很清楚自己的目標是來學習的，或許得等到第二年才會完全學會、第三年才有機會晉升，那麼在第一年時理所當然會被老闆磨練、測試我的能耐在哪裡。「磨練」與「磨難」的區別在於，前者是有目的性的，後者則無。舉例來說，如果老闆很情緒化，毫無理由或目的的折磨你，不斷叫你加班、所有事情都丟給你做，但從中卻學不到任何東西、也看不到有更美好的未來，那就是一種磨難，也許得考慮轉換自己的處境或是其他選擇。但如果情況是，你知道今天很苦，明天可能更苦，但是以長期來說，未來的遠景是充滿希望的，只要熬過去就會海闊天空，這就是一種磨練。換言之，只要清楚地知道我們的終極目標是什麼，那麼過程就算吃再多的苦，也是值得。

2

轉職，人生的轉換點

24　25　26　27

轉職跟人生中其他的規畫是一樣的，
必須先審視個人的人生終極目標，
再確定接下來第一步、第二步、第三步要怎麼走。

當轉職成爲一種「妥協」

我一直有個很大的感觸，那就是農曆過年是一個非常可怕的時間點，多少關於未來、關於感情等的決定，在那七天左右的時間，完全被影響。我所認識的年輕一輩，有超多人在過年期間被親友團轟炸過後，就完全放棄了自己的夢想；更多人妥協於家庭壓力之下，把現在的工作辭了，乖乖地依照長輩的要求，去找一份更安定的工作，或是去報考公職等。記得去年過完年之後，我們公司就有好幾位實習生跟我談到這件事。似乎過年的那段期間，某種程度上，象徵著成人世界給予年輕人的期待與衝突來到了最高點。到了最後，妥協的永遠是年輕人。

曾想改變社會的那個女孩

幾個月之前，有一位從國立大學法商研究所畢業、成績十分優異的女生，主動寫信過來想找我談談。她是一個看起來非常乖、話很少、很安靜的女生，畢業之後，出乎大家意料，並沒有去找一份正職的穩定工作，而是選擇了兼職、打工、賺取時薪的生活。當我問她爲什麼會做這樣的選擇時，她說，自己從小到大就是那種爸媽叫她乖乖念書，她就聽話的乖乖牌，一直到了研究所快畢業的最後一學期，她才突然醒悟自己馬上就要進入社會的事實；但是在那時候，她卻完完全全不知道自己想要做什麼。於是，她開始覺得自己以前都被誤導了，開始想反抗。

當時，她的爸媽希望她繼續念博士或是去考公務員，但是她並不想過那樣的生活，於是她想，乾脆去體驗看看別的工作，所以才去打工做兼職，賺一小時一百元的時薪。才剛開始工作不到幾個月，她說每次回到家就被爸媽不斷叨唸，所以她想再嘗試其他行業，看看是否有機會在我們公司從事新聞編輯工作。她滿腔熱血地說，覺得自己這過去二十年都白活了，眞的不想一輩子這樣下去，希望能有機會多接觸社會。進公司實習了一個月之後，她神采飛揚地告訴我：「當編輯眞的好有趣！我好想用文字的力量來改變這個社會！」

不料過完年之後，某天這個女生跑來找我，說要跟我「談一下」。我突然有一股不太妙的預感。果不其然，她對我說：「很感謝你給我這個實習機會。但在過年這段期間，我認眞思考了自己的未來，我想找個穩定的工作應該是比較好的選擇，畢竟比較能夠有健康的生活，下班後也比較有時間做自己想做的事……所以我決定報考公職。」

這些話跟她之前的想法，顯然有著天壤之別。所以我忍不住問：「那你之前的夢想呢？你不是想當編輯、想用文字的力量來改變這個社會嗎？」她有些五味雜陳地回答我：「我想，或許自己能力沒那麼好，沒那個能耐……」我看著她不太自在的表現，問道：「你爸媽是不是在過年時間，跟你商量了這件事？」她眼眶紅了，終於道出實情。沒錯，就是在過年的那幾天，她的爸媽一直逼她做決定，說她的想法都太天眞了。

她說，自己在過年那幾天的領悟就是：「並不是每一個人都會知道自己想要做什麼，就算知道了，也不是每個人都有勇氣去追求自己的夢想。」這是一句聽起來，頗令人感到悲傷的話。進入職場一年，嘗試去追求自己的夢想不過三個月的時間，然後就此妥協，說：「好吧，那我這輩子就這樣過吧。」

她說，自己就是個沒有勇氣去追求夢想的人，雖然對公務員的工作沒有興趣，但因為家人的期待，還是會去接受。我問她：「那你要報考什麼類別的公職？」她說：「還不知道，但我已經開始去補習了。」很多台灣學生的邏輯是還沒想清楚自己要考什麼，就先想到要怎麼去考，這完全是本末倒置的，然後不管考到什麼，只要能考上就好。

年輕人，胸懷大志吧！

在台灣，這種「過年症候群」十分奇特。過了一個年，就有好幾個年輕人來找我「談一下」，講的話幾乎如出一轍。之前他們會說，不想遵循爸媽的價值觀；過完年之後卻改了口，認為有一份穩定的工作與生活還是比較重要的；雖然自己對公職生活沒有興趣，但下班之後就可以做自己有興趣的事。倘若我問他們：「你有興趣的職務是什麼？」他們會回答：「不知道。」「那你要考什麼？」「不知道，反正先考了再說吧！」「打算準備多久？」「通常要考兩次才會上，所以我打算花兩年的時間來準備考試，我已經去補習班報名了。」

有趣之處在於，這些年輕人所說的開場白，「自我說服」的成分居多，他們一方面想說服我接受他們轉職的理由，其實一方面也在說服自己妥協於長輩、父母的要求。眞正的原因是，他們的爸媽可能會擔心，找一份還不到三萬元的薪水，該如何養活自己？又或者他們的爸媽可能會認爲，念那麼多書才賺那麼一點錢，爲什麼不乾脆去報考公職，起碼薪資還有個保障。

然而在「考公職」這件事上，我所無法理解的是，**為何大人們可以在批評、痛罵政府之餘，卻還是叫自己大學畢業或研究所畢業的孩子，趕快去報考公職**？讓我深感遺憾的是，可能十個台灣最聰明、教育程度最高、拿到最多社會資源的年輕人，會有八個因爲社會、家庭壓力而妥協；剩下兩個不願妥協、敢反抗的，卻全都離開台灣，可能出國念書之後就再也不回來了。如果所有年輕人都是抱持著這樣的心態進入公務機關服務的話，我們能期待國家社會能有任何的進步嗎？

轉職的迷思

轉職跟人生中其他的規畫是一樣的，必須先審視個人的人生終極目標，再確定接下來第一步、第二步、第三步要怎麼走。舉例來說，如果我們設定的目標是三十歲時要在科技產業工作，那麼當二十幾歲想轉職時，應該找什麼樣的工作？這時候，假設出現了下列幾個選項：第一，爸媽叫我去考碩士；第二，某家大銀行願意提供我一份薪資頗高的工作；第三，某間跟我未來想從事的科技產業有業務關聯的小公司，給我一份薪資相對較低的工作；那麼，我們應該選擇哪一個呢？

會念書小孩的難題

第一步應該先排除的，是與我們的目標明顯相違，或是不相關的選擇。以第一個選項爲例，如果大學念的是政治系，雖然爸媽希望你去考碩士，但你發現念完政治碩士之後要找工作，幾乎都還得再念個博士才行，光念碩士並沒有太大幫助；所以，去念政治碩士，跟三十歲時要在科技產業工作，兩者間的關聯性看起來並不大，這個選擇很明顯地應該優先被排除，但難就難在你是否能夠捍衛自己的夢想、抵抗來自長輩的壓力。如果抵抗不了，就可能開始試著去說服、催眠自己：「或許我可以先去念碩士，滿足爸媽的期待之後，再走我自己想走的路……」然而時間是不等人的，等念完碩士出來，當然還得接著念博士，轉眼間就三十歲了，夢想的實現只會愈來愈遙遙無期。

最近我遇到一位大學生，他想就轉職的問題來詢問我的看法。他說他考完TOEFL，也考完GMAT了，而且分數都很高。他想請教我的問題是，如果他打算出國念MBA，畢業後想進創投基金工作，接下來該怎麼做呢？

這就是很典型的，先把考TOEFL、GMAT這些技術性問題解決了，卻還沒思考根本性的哲學問題，沒想好念完MBA之後，要怎麼去銜接自己想做的事。我問他：「你爲什麼想進創投基金工作？」他回答：「因爲錢賺得多。」

「很多工作的薪資也不低，像是投資銀行、私募基金等，爲什麼一定要選擇創投基金？」

「因爲我看過相關的電影，很憧憬在創投基金工作的場景……」

誠然這並不是一個具體的、有邏輯性的理由。我又問：「你的第一份工作是做什麼？」他回答：「我在Gucci當籌備幹部，我剛辭了這份工作。」要得到這份工作並不容易，而且這個經歷對他申請MBA會很有幫助，因此我很驚訝：「你爲什麼要辭職？」

他解釋，因爲大學畢業時就設定了目標，工作幾年後想去美國念個頂尖的MBA，因爲Gucci是有名的外商，所以當時就去應徵了儲備幹部的工作。但是後來，他決定MBA畢業之後去創投基金工作，聽許多人說如果想在創投基金工作，沒有金融產業相關工作經驗的話，即使念完MBA都很難進得去，因此他就把原來的工作辭了，打算找一份金融產業相關的工作，做個兩、三年，等到二十八、九歲時再去申請MBA，這樣MBA畢業後才能順利進入創投基金。

有成就的人，不過是懂得取捨

他的問題是，因爲之前完全沒有金融產業的相關經驗，所以現在只能找得到金融機構理財專員，或是理財專員助理這樣的初階工作，距離他理想中的瑞士銀行、德意志銀行、摩根大通銀行等這類外商銀行，還有一大段距離。他不滿地說：「理財專員助理一個月才拿二萬八的薪水，跟我之前的薪資比起來實在太低了！」

我說：「你在金融產業找了這幾個月下來，有其他更好的工作機會嗎？如果有的話，我們當然可以一個個來考慮其優劣，再加以選擇；如果沒有的話，而你又一定要有金融產業相關工作經驗，那就是你唯一的選擇了呀，沒有什麼好煩惱的。」

事實是，如果他想盡快申請到ＭＢＡ，原先Gucci的工作其實是一項很好的加分資歷，會讓他有很大機會申請上好的ＭＢＡ學校；但是那份工作才做了一年，就因爲想在ＭＢＡ畢業後進入創投基金工作，且爲了要取得金融產業工作經驗，把原先那份工作給辭了。現在，既然之前沒有任何金融相關的背景與經驗，銀行也不可能馬上就給他分析師的工作，當然只能理財專員這類基層工作做起。

於是我問：「你得先回答這個基本的問題：你的終極目標到底是什麼？你無論如何一定要去念ＭＢＡ，還是你無論如何一定要進創投基金工作？」

他想了想，說：「就不能兩個都有嗎？」

其實，這就是年輕人在思考轉職時，很典型會出現的矛盾心態：一方面想轉換跑道，一方面又不肯屈就，不肯去接受必要的、過渡時期的基層工作。凡事總要有所取捨，如果我們有Ａ、Ｂ、Ｃ、Ｄ好幾個目標，無法同時兼顧是很正常的，因爲我們無法同時從Ａ連到Ｂ、Ｃ、Ｄ，但是可以從Ａ連到Ｂ；再從Ｂ連到Ｃ，逐步朝Ｄ的目標邁進。如果你堅持，自己三十歲時「一定」要上ＭＢＡ、三十二歲時「一定」要進創投基金，那麼現在可以找到什麼工作既讓你自己滿意、又可以達成上述那兩個目標，我真的也沒有答案。這就好比玩扭扭樂遊戲，一個人只有兩隻手兩隻腳，卻同時想踩七、八個位置，是不可能的。

決定終極目標，就是讓我們設定自己想達成的優先順位，想清楚現階段什麼對自己來說是最重要的，一步步來，不能什麼都想要，卻什麼都不願意放手。以上述的例子來說，如果進ＭＢＡ對他來說是最重要的，那就應該繼續待在Gucci；如果進創投基金工作是最重要的，進不去會遺憾終身，那就辭掉Gucci的工作，從他現在找得到的金融相關工作先做起，即使只是理財專員的助理，即使只有二萬八的薪水，也應該要抱著務實的心態接受。

不要成爲那顆不痛不癢的螺絲

哈佛MBA課程教我們，可以從兩件事來評估自己是不是該換工作了。第一，你已有半年以上的時間，早上起床不想去工作，失去了工作的熱忱，也無法從工作中學習到任何新事物；第二，已經工作疲乏到覺得這個工作機會如果給了別人，應該會做得比自己更好，而且自己也已經完全不在乎了。

你為何想換卻不敢換工作？

在跟學弟妹聊工作問題時，我常會聽到他們對於自己工作的抱怨。第一年抱怨，第二年繼續抱怨；剛開始會說要換工作，隔了一段時間，你問他們：「工作找得怎麼樣了？」他們會很積極的說：「喔，我找了超多工作，有在面試了！」一年之後再問：「那你現在在哪裡工作？」他們這時就會面露尷尬神色，有點難爲情地說：「我都準備要跳槽了，但是過年時跟我爸媽討論時，他們勸我不要想那麼多，說那間公司比現在的公司更小、更沒有名氣，福利也不穩定，說不定半年之後就倒了；雖然現在這間公司給的薪水不高、福利也沒有特別好，但至少穩定呀！他們說現在工作那麼難找，叫我不要想東想西了……」

有一陣子因爲處理公司的帳戶問題常跑某家銀行辦事，所以也跟一位理財專員變得很熟，等候的時間就會開始閒聊。她說自己畢業就進了這間銀行，轉眼間已經待了六、七年，我問她：「你喜歡這份工作嗎？」她搖搖頭：「不喜歡。主管很煩，整天碎唸，又要開會又要被兇，而且薪水又低，做了六、七年，薪水才三萬出頭。」她感慨，希望趁自己還年輕時，有機會換一份能被賞識的工作；她說自己其實也有在找工作，偶爾會去面試，像最近一次是去另一間銀行，也是做理財專員，薪水有稍微高一點，她正考慮要不要跳槽。

到下次我去銀行辦事時，問她：「你決定要換工作了嗎？」她態度猶豫了：「這裡的環境雖然不好，但我對同事、環境都很熟悉了……」看得出來她開始在找理由，說服自己留下來。當時，我剛好有個機會可以介紹她到另一間公司當財務長，於是我跟她說了，並問她想不想過去面試？因爲面試她的營運長我很熟，雖然無法保證她可以拿到這份工作，但至少可以保證一定有面試機會。她很興奮地說：「太棒了！那我趕快把履歷表準備好寄給你！」於是我給了她email帳戶，並且答應她，只要收到履歷，我就會幫忙安排，讓她去面試。

等了一天、兩天、三天……都沒收到她的履歷。一直到我又去銀行辦事時見到她，我問：「你不是要把履歷寄給我嗎？」她急忙回答說：「我正在準備，也正在跟爸媽商量，而且也在計畫要怎麼跟主管說我要離職的事……」

又過了好幾天，還是沒收到她的email。到下次再遇到她時，我說：「我已經幫你跟那個公司的營運長打過招呼了，你怎麼還沒寄過來給我？你只要把履歷寄過來就可以直接來面試了，沒問題的。」結果她很猶豫地解釋了一大堆：「我回去跟爸媽商量，他們說那間公司是新的，沒聽過；他們勸我，說我現在的薪水雖然低、福利雖然差，但我年紀也不小，快三十歲了，現在工作很難找，叫我不要想那麼多了，所以我真的很兩難，最後我只好跑去算命，算命的說，我今年不適合換工作……」

「想一想，我爸媽說的也沒錯，幹嘛要想這麼多呢？現在景氣這麼差、工作這麼難找，三萬一至少不是22K……所以我決定再待個幾年之後再說，或許之後會有更好的機會……」

「之後」，到底是什麼時候？

之前各種讓人想離開的原因，現在又全部變成想留下來的理由了。轉職的第一步，我們得先說服自己；如果我們連自己都說服不了，還能說服誰呢？有一大半的人都是今天說想換工作，明天還是接受現況繼續做下去，轉眼間三十歲了，結了婚、有了房貸車貸，只得把家人、小孩放在第一優先，其他的事「之後再說」。每次聽到「之後再說」這句話，都覺得很妙——「之後」，到底是什麼時候？

只能說，不接受現狀、決定要改變，眞的需要很大的勇氣才能跨出去。

至於轉職的首要考量，除非只是爲了賺取高薪，否則就要先考慮想換的這份工作，是不是有興趣與熱忱，到底對我們的終極目標有沒有幫助，是不是能讓我們更快速、更進一步地達到那個最終目標。此外，還要考量這份工作的「可取代性」；就這一點，我常會提醒自己的學弟妹：「不要成爲一個公司裡三個會計的其中之一。」**因為當公司裁員時，工作的可取代性愈高，愈容易成為第一個被裁員的對象。**

當一個公司出現虧損時，由專業經理人或是管理顧問公司接手，攤開財務報表來分析時，如果決定要砍百分之十的人力，通常不會先去動銷售、行銷相關職務的人員，因為直接攸關公司的營收，不可取代性高，就算會被裁員也不是立即性的事，可能是半年、一年之後才會發生；會先被裁的，必然是可取代性高的工作性質，譬如負責技術性、行政性工作的工程師或會計人員。

這個道理就像去IKEA買一張桌子來組裝，四支一模一樣的桌腳，如果有一支的螺絲壞掉嵌不進去，另外三支是好的，整張桌子還是可以站立，那壞掉一支有沒有關係？當然沒關係。裁員也是一樣，會被裁掉的人，一定是可取代性高的，沒了他也不會影響到整體大局。又例如IT團隊有十個工程師，會計部門有五個人，因為工作性質可取代性高，可能少一、兩個人也不會影響到該項業務的正常運作。

重點是，**不要成為那顆不痛不癢的螺絲**，把你換掉，大家都沒有感覺，代表你的工作之於這個公司是可有可無、沒有影響。從公司的角度來說，雇用八個正職員工，事情做不完時，只要多付加班費，還是比雇用十個正職員工來得便宜。**轉職時要加以考量的一個重點，就是千萬不要選擇「可取代性」太高的工作**，一旦成為團隊中那個不獨特的一員，就有可能埋頭苦幹到別人把你換掉時，仍是一點感覺都沒有。

回到家族企業工作的選項

台灣有將近一百三十三萬家中小企業，建構起台灣相當獨特的經濟基礎，也因此年輕一輩中有頗多是這些中小企業的第二、三代。不管對家族企業有沒有興趣，都背負了家中長輩的期待，希望他們有朝一日學成之後，可以回去接班。

問自己，你有選擇的自由嗎？

家族企業的第一代若想培植下一代做爲自己公司的接班人，有好幾種方法。舉例來說，讓家族企業變成上市公司，而公司營運表現可以很透明的受股東監督，這時把自己的小孩放進公司裡面，如果可以表現得很好，表示靠的是他們自己的實力。還有一種方法是把小孩送到公司各部門，從基層工作開始做起，接受訓練；或是送去公司裡表現最差、績效最爛，甚至快被裁撤的部門單位，讓他們飽受折磨、承受最大的壓力。如果可以在這樣競爭的環境生存下去，甚至讓這個部門單位起死回生，代表能力已受到肯定、有目共睹，未來升上管理職，也是靠自己的本事爬上去的，不會有人說話。

雖然接管家族企業這種故事，好像是在韓劇才看得到的情節，但的確我們身邊不乏這樣的例子。記得大學時有一位女同學，家裡就是在高雄開公司，是一間專門製造汽車零件的工廠。她到台北念書接著工作，早已習慣台北的生活環境，根本不想回高雄，而且對家裡經營的生意完全沒有興趣，但是，她的爸媽還是認定她終有一天，得回去接管家族的事業。

或許對某些人來說，家族企業不是他們想要的選項，甚至還會認爲是一項沉重無比的負擔。與其掙扎要不要回去接班，不如先問自己一個問題：「我有這個選擇嗎？」我可以選擇不回去擔負這個責任嗎？如果你沒有選擇，你知道爸媽遲早會退休，自己也遲早要回去接班，那麼根本就不用花時間掙扎於這個「不成問題」的問題。要思考的應該是，**何時回去最好**？如果爸媽六十歲要退休，或許三十幾歲就得回去接班了，那麼從二十幾歲到三十幾歲的這十年當中，就該多歷練學習，不管是在什麼產業中從事什麼工作，最好都是可以對未來管理家族事業有幫助的學習或經歷。

做好準備，為接班熱身

沒錯，或許有些人會認爲家族企業根本不是他們要的人生道路與目標，但就某方面來說，這也是一個甜蜜的負荷，一個可以退而求其次的機會與選擇，而且不是每個人都能夠擁有這樣的機會。

事實上，大多數的人是沒有這個選項的，甚至還會羨慕擁有這個選項的人。所以如果你恰好是擁有這個選項的人，與其把它視爲一個包袱，不如視它爲一個安全氣囊：如果今天在外面創業失敗了、上班搞砸了，至少還有一條退路。試想，可能有一個總經理或董事長的職位等著，這可是一般人做夢都夢想不到的！

如果接掌家族事業是一個既定事實，那麼就像是生涯規畫已有了一個既定的時間表，在必須回去承擔那份職務之前的時間，可以充分運用，或許可以把它想像成念研究所或出國留學，學成之後，理所當然就要回去工作，並沒有衝突，也不需要背負太沉重的心理包袱，反而可以將自己在外面學習到的經驗帶回去，幫助家族企業的創新與現代化，將新觀念帶入舊企業，這一點也不會沉悶或過時，反而是一項頗具挑戰性的任務。

人生轉職——愛家庭還是愛事業

MBA座談會等這類場合的出席者，幾乎都是正準備要出國念書的學弟妹們，通常女生會提出這個問題：「我今年二十六歲，正在考慮要不要申請MBA，我已經考了GMAT，也開始準備申請需要的論文了，我是不是真的跟大家講的一樣，要考慮的事情比其他人多很多？」

女生的機會成本代價

的確，這樣的規畫，對女生來說超級不公平的。如果女生現在二十六歲，開始準備GMAT、申請學校的論文等，等她全部都考完、寫完，應該是明年可以申請，申請上的話，應該是後年可以入學；所以等到學校開學時已經二十八歲，順利畢業也三十歲了。如果又想在國外工作一、二年再回台灣，等回台灣時就已經三十二歲了。

所以，從這個時間點開始的六年之內，要不要考慮結婚、生小孩等人生大事，全部都變成一個很大的問號。而我覺得不公平之處，在於女生三十幾歲才會遇到的問題，馬上在她二十六歲的這一刻，都要想清楚。跟男生比較起來，的確女生的機會成本代價高了許多。因爲如果是男生，二十六歲可能才研究所畢業、剛要找工作而已，根本還不需要去考慮到那些三十幾歲才會去做的結婚、成家、生子等決定。但是女生，在二十六歲時就得做一個這麼重大的決定，會影響到她未來五、六年的人生；眞的出國去念書，爸媽也會擔心女兒畢業都三十歲了，將來會不會很難找對象，或是會不會嫁不出去等等問題。

若是一個有抱負、有事業心的女生，畢業時可能會想：「我好不容易拿到學位，爲什麼要在這時候選擇步入婚姻，從此在家當家庭主婦呢？至少得在職場上工作幾年證明自己的能力吧！」等到工作兩、三年後，就三十三歲了，然後就算這時候順利地計畫要結婚，在台北，單是準備訂婚、結婚、宴客就要一年時間，等到眞的結婚，可能已經三十四、五歲，更別提還得考慮是不是要生小孩。

當男女雙方都想拚事業時

我有一位女同學，也是自己出來創業，是個能力很強的女生。我曾經見過她的男朋友，是就讀美國頂尖大學的博士，大家一起吃過飯，兩人感情看來相當融洽。但最近一次跟這位女同學見面喝咖啡時，我發現她的心情似乎不太好，講話也心不在焉。我問她：「妳最近過得還好嗎？怎麼了？」她看了我一眼，輕描淡寫地說：「我跟男朋友上星期分手了。」看得出來，她很低調不想多做解釋。我們兩人靜默了一陣子，她終於打破沉默：「我從來沒有想過，自己會是那個過了三十歲又變成單身的女生。我認爲自己並不是那種事業心很重、對自己要求很高，過了三十歲才突然恍然大悟、意識到自己是單身的女生，因爲我看過太多單身的親戚，像是我的堂姊堂妹們，過年回家時成爲大家『關心』的焦點。她們的前車之鑑，讓我很早就開始準備；所以當我二十七、八歲跟這個男朋友交往時，雙方就是以結婚爲交往的前提。」

她很平淡地說：「我以爲我已經安全了，我那麼努力，就是不想成爲過年時大家茶餘飯後關心的對象；我不敢相信的是，它還是發生了。就在轉眼即將邁入三十大關的時候，我居然變成報紙新聞上所說的『剩女』『敗犬』。感覺就像是在最後一次賭博時押錯寶，於是轉眼間豬羊變色，情勢完全改觀。」

這不禁令我深思，我們這個世代比起以前的世代，自我意識更強烈、更不願意放棄自己的夢想，而且男女能力相當、地位也更加平等，如果男生要念博士、女生想要創業，沒有一方願意妥協的話，男生不會叫女生放棄她的創業夢想，只爲了去跟他結婚，否則就變成了大男人主義。但是另一方面，男生也不會念書念到一半，就爲了女朋友而搬回台灣。這種會遷就對方的交往模式，可能在我們的上一代居多；那時候的觀念是認爲，女生如果到了適婚年齡，就該嫁雞隨雞，遷就男生的事業。但是到了我們這個世代，個人自主性提高了，也什麼都不想放棄；我有我的理想，你有你的夢想，大家都不想放棄自己想做的事，誰也不想妥協，到最後，也只好踏上分手一途。只能說，當男女雙方都想拚事業時，就看當時人生的優先順位如何排列，不要在一時衝動之下，做出會令自己遺憾終身的決定。

在談轉職的最後卻談到感情問題，感覺似乎有點突兀，但仔細想想，這個階段也往往是感情之路的轉換點。以上述例子來說，當我們考慮出國留學時，是追求自己的夢想比較重要，還是維繫目前的感情比較重要，其實某種程度上來說，也是一種隱喻性的「轉職」。如果選擇了現在的男（女）朋友，那麼假使這輩子可能永遠無法出國留學或在國外工作也不會因此終身遺憾，這就是最好的選擇。

事實上，這些選擇並沒有正確答案。轉職也是一樣，當我們面臨人生重要的十字路口時，應該何去何從，也沒有正確答案，此時此刻，只能眞實地面對自己、誠實地回答自己，別管其他人怎麼說，別管周遭的雜音干擾，自問：「這幾個選項中，哪一個對我而言是最重要的？哪一個放掉了我會終身遺憾？」那麼剩下的事情，該發生就會發生，我們也必須坦然面對，因爲那是在人生的轉換點上，必須付出的代價。

3

創業之路

28　29　30　31

為何如今是創業好時機？

創業團隊之中，什麼樣的成員一定要有？

現在開始，練習創業者的思維。

創業，一種難能可貴的勇氣

通常華人對於投資創業者，觀念比較沒有那麼開明。譬如，我是一個四十歲的投資者，有位二十歲的大學生來跟我談創業的想法之後，因為同意他的創業理念，我決定投資一百萬。這種故事在國外比較可能發生，在台灣則比較難以想像。

十五歲的創業家

美國有個電視節目叫《創智贏家》（Shark Tank），節目流程是，參賽者走進一個房間，房間裡坐著全是如郭台銘型的成功創業家或知名投資者，參賽者宛如走進一個滿是鯊魚的水缸，如果不夠厲害，就等著被咬成碎片。這個節目每集會邀請四位想創業的參賽者，每人提案五分鐘，然後那些擔任評審的創業家或投資者，如果欣賞這個創業點子當場就投資；否則就把參賽者炮轟得體無完膚。

這個節目我看過一次，那集是邀請十一到十八歲的年輕創業者去參加。其中，有個想賣果汁機的小男生，才十五歲，台風穩健、口條好，等他講完之後，那四個評審雖然覺得他的想法很不錯，但是有些地方還不夠仔細，所以沒有選擇投資，但是其中一位評審對這個小男生說：「其實，你十五歲就敢走進這個房間，光憑這份勇氣，我們就很敬佩了；同時，因爲你才十五歲，或許我們更應該投資你。」換句話說，他十五歲就想創業這件事，在西方人看來是正面的，長輩甚至會說：「我欣賞你的勇氣，所以我要投資你。」但是，這在台灣是不太會發生的，台灣有可能做出這種類型的節目，找一堆國中生去提案創業構想嗎？會有哪個國中生敢走進某個投資者的辦公室嗎？聽起來就像天方夜譚。

在國外，創業是被鼓勵的，想創業就去試，沒問題。但是在台灣，整個社會或是家長對孩子的期待，就是安安穩穩的找一份工作，照顧好自己跟家人就好。所以二十六歲畢業之後，生涯規畫是去找一份大公司的工作或是考公職就好，我們可能不會有那種「到三十歲還沒創業」的遺憾，因爲社會或父母對自己的期待也僅只於此，並沒有期待或鼓勵你創業。

以一個平均二十歲的大學生來說，台灣大學生跟美國大學生，在現實社會歷練上差距很多。最根本的差別，就是台灣學生太在乎爸媽、長輩的想法，且在台灣，第一個會阻撓想法、潑冷水的人，就是他們。在我剛提到的那個節目中，當十五歲小男生被問到：「你研究這個創業想法多久了？」他說花了一年時間。再問他花了多少錢？他說花了三十萬美金，相當於一千萬台幣。哪來的錢呢？他說，爸媽為了幫他創業，還把房子拿去抵押。國外會有家長為了鼓勵自己十五歲孩子的創業理想，把房子拿去抵押，籌措創業資金給他；在台灣，如果一個國中生去跟爸媽說起他的創業想法，有幾個家長會把它當眞？

但是，如果我們的邏輯是這樣，又怎能怪孩子到二十歲時缺乏社會歷練？大部分的家長不會鼓勵自己的孩子去創業，而是希望他們去找一份穩定、輕鬆的工作，不要想太多。以致於我們十八歲時可能還會說：「我們要反抗，才不要跟上一輩走一樣的路。」到了十九歲，這種鬥士就少一個，二十歲少兩個，逐年遞減。到了二十二歲，大部分都已屈服來自家長的壓力，妥協於家長對我們的期望。

天下父母心，但愛拚才會贏

我最近參加一個創業者論壇，台下聽衆對台上講者們提出的問題之一是：「當初，你們是如何說服父母同意自己去創業的？」有位創業家的回答一針見血，讓我深有同感。他說：「從爸媽的角度來看，他們的擔心並沒有錯，他們擔心自己的小孩會受傷、被騙，或是做了錯誤決定，讓過去的努力全部毀於一旦，有天連自己都無法養不活；所以要讓父母安心、沒話說，最簡單、快速、直接的方法，就是『拿錢回來塞住他們的嘴巴，愈快愈好，讓他們沒話說。』」

拿錢回來，一方面可以向爸媽證明自己的確有能力養活自己，就算他們不支持創業，也沒有理由再阻止；另一方面也是在逼自己加快創業的腳步，於是現實面與理想面都兼顧到了，既可滿足家長對我們的基本要求，又可以做自己想做的事。唯一讓家長沒話說、也讓自己免於壓力的方法，就是眞的做出一番成果，而且愈快愈好。

史丹佛的創業一條街

我第一次接觸矽谷，是二〇〇八年前往位於舊金山的三麗鷗公司實習時，剛好有機會借住在史丹佛大學校園內的宿舍，得以親身體驗到史丹佛的創業文化。

從史丹佛校園的大門口走出來，有一條馬路叫「大學大道」（University Avenue），路上兩旁滿滿的都是咖啡廳，密集的程度差不多就像從台北的忠孝復興路口走到忠孝敦化路口，從這條路的第一間咖啡廳走到最後一間，大概十五分鐘，而這條路也被暱稱為「創業一條街」，每天從下午到晚上，幾乎所有坐在咖啡廳露天座椅上聊天的人，都是想創業的史丹佛學生跟投資者討論他們的創業想法。

台灣缺少讓新創公司快速的成長環境

台灣很缺乏這種創業的透明度。所以，若是跟一個二十二歲的大學生談到創業，他會覺得非常抽象，不知從何著手，不知道要去哪找資金、找人脈，不知道要去哪找有經驗的人諮詢，也不知道要怎麼寫出一份營運計畫。但是在矽谷的史丹佛大學，創業是透明到這種地步。記得那時LinkedIn剛成立沒多久，辦公室就在那附近。這條創業一條街上不是只有咖啡廳，許多創投公司的辦公室也會設在那裡，方便他們跟學生討論創業計畫，可說是名符其實的創業圈，是一個十分透明，也十分成熟的育成中心，整體來說，在矽谷創業資源並不難取得，不會讓人覺得創業是一件很神祕或無法想像的事情。

相較之下，台灣類似的創業聚集地或育成中心就沒那麼多。當初我回來找台灣的投資者時，有經驗的朋友跟我說，在台灣爲什麼創業較爲困難，因爲在一個創業生命週期的三大階段——育成期、快速成長期、準備上市或售出的成熟期，台灣的創業環境很明顯地短缺了中間這一塊，即快速成長期。台灣現在開始有育成中心了，像政大、台大等，創投公司或投資者開始重視新創公司要有育成期，也會投資最後準備上市或售出的成熟期，但中間的快速成長期，卻乏人問津，爲什麼呢？

因爲，最後一輪已經沒有風險了，他們已經看準這間公司一年之後就要上市或是出售，這時當然很多人都想進來投資。眞正高風險期是前面的育成期與快速成長期，而風險最高的育成期也有人會投資，因爲此時可以用最低的價錢與最好的條件去投資，譬如只出一百萬台幣卻可以分配到百分之五十的股份。然而中間的快速成長期，攸關一間公司是否可以存活，卻沒有人去關注這一塊。台灣許多投資者等於只是在撿現成的便宜，看準賣相好的、風險低的，才會投資。

但在矽谷或是國外，創業的生命週期已經非常成熟了，所以有專門投資育成期、快速成長期或成熟期的創投公司，全部都很透明化。譬如在矽谷，每星期都會有各式各樣的創業者聚會，像是APP創業聚會、IT創業聚會等，多如牛毛；創業機制成熟後，人數積多就有經濟規模，周邊的一些附屬機制也會開始延伸出來。台灣很難形成這樣的創業環境，因爲創業團隊相對來說並沒有那麼多；人數不夠多，就不可能衍生出周邊的相關服務。

比起矽谷，台灣創業相對簡單

在台灣創業，相關資源比之國外的確沒那麼齊全。對年輕人來說，一方面在台灣創業並不是那麼困難，因爲地方不大，沒那麼難想像；如果在台灣無法創業的話，到國外譬如在矽谷，規模更大，投資者看過的提案更多、要求的層級會更高，相對也可能更加困難。另一方面，台灣的創投公司與投資者也就這麼幾十個，相對來說，矽谷可能有兩千個投資者，見過一次面，之後就全部都互相聽說了。你只要找過其中幾個，可能其他人也都知道你的案子了，因爲他們彼此都認識，也會互相推薦一些好案子，譬如這個案子我看過覺得不錯，但基於某些原因我不打算投資，就轉給另一個人看看有沒有興趣。

我會如此了解這個情況是因爲，當初和合夥人去找投資者，進行第八次還是第九次的提案簡報時，我還沒拿出簡報，對方就說：「不用不用，我看過你們的案子了。」我們愕然問道：「爲什麼？」他說：「因爲你們上週簡報的那個人，是我的高爾夫球伴，他把案子給我看過了。」這說明了如果要在台灣找投資者的話其實不難，很快就可以找到，因爲圈子不大；如果找到一個投資者，還可以問他有沒有認識其他人可能會有興趣的，他可能幫忙介紹第二個甚至第三個，以此類推，一個月之後，差不多可能投資的投資者，就都被創業者跑過一輪了。

基本上，台灣是一個嘗試創業的好地方，只需搭個計程車、捷運或高鐵，就可以跟投資者見到面，不管是如願拿到創業基金或是被拒絕，都可以速戰速決。相較於美國，住在紐約的人若想飛去矽谷創業，光是交通費可能就把積蓄燒光了。因此相較之下，台灣是個非常好的培養皿，成本低、規模小、機會的密集度高，很快就可以知道自己發想的商品或商業模式有沒有潛力；倘若有潛力，以台灣爲基地，利用現有優勢將產品研發至成熟，再往亞洲地區、大中華市場發展，都是十分可行的模式。

「破壞式創新」看台灣低薪環境

不久前，我受邀去TED（演講TED指technology、entertainment、design的縮寫，即技術、娛樂、設計。是美國的一家私有非營利機構，以其組織的TED大會著稱），分享過「破壞式創新」（disruptive innovation）這個理論，我認為它可以解釋台灣社會與經濟層面的問題，也可以推演出「創業」在不同的時代背景，乃至於對不同的世代，代表著什麼樣的價值與意義。

別人用十塊錢做，我就用一塊錢

提出「破壞式創新」理論的是哈佛商學院名教授克雷頓・克里斯汀生（Clayton Christensen）。克里斯汀生研究了三、四十年來的統計學數字，幾乎所有當代的國家、公司或產業，都可以用此理論，解釋它們生命線的週期循環。

以電視製造業爲例，五十年前，全世界所有的電視都是美國人製造的，那時的美國品牌叫RCA、Zenith，現在都沒了。剛開始有電視時，電視機是非常貴的，譬如說十吋大小就要五百美金；隨著科技進步，家電也慢慢普及、大衆化，電視也開始演變成二十吋、三十吋，價格開始往下跌，所有的晶片、手機等產品也都一樣。等到商品大衆化、價格被壓低之後，廠商的下一步就是得生產更多，才能把成本降得更低。因此，接下來就要去找代工的國家，所以美國六〇年代時期，製造業工廠就都移往日本去了，因爲當時的亞洲，只有日本有這個代工的條件，台灣還太落後，中國大陸還很封閉。當初的Sony、Panasonic，就像是現在的鴻海，幫美國做代工，做了五年之後，美國人的技術都轉移過去了，自然不想一直只做代工、開始想做自己的品牌，就像鴻海不想一輩子都幫蘋果做代工。因爲代工總是有風險，如果有一天蘋果覺得報價太貴，換到東南亞國家去找代工廠，那生意就沒得做了。

所以，Sony做了五年代工後，開始嘗試生產自己的電視。如前所述，美國的品牌已經有十吋、二十吋、三十吋的產品，Sony便主攻最簡單、最便宜的產品，譬如十吋。十吋電視機美國品牌如果賣三百美金，那Sony的只要賣一百美金就好了。當時Sony生產的電視品質不如美國品牌，價格也相對低，在美國會去買的人，只有那些買不起知名品牌但又想擁有電視的人，所以往往是學生族群，像是會去買便宜貨的冰箱、手機等產品的大學生。

但是，Sony不會一直只做十吋電視。剛開始可能很容易壞、品質很爛，但是過了幾年，它的品質終究會逐漸成熟，也會開始做更高端的產品；這時候，大部分的美國民眾若要買十吋的電視，就會去買Sony、不會去買RCA了，因爲同樣的產品一個是一百元，一個是三百元。剛開始，RCA並不以爲意，認爲Sony只是生產便宜的爛貨，不算是同一等級的競爭對手，而且這時的RCA已經有那麼多的員工跟工廠分布在世界各地，必須去考慮這些成本，所以不可能去製造同樣的一百元產品，讓自己虧錢。

久而久之，RCA就放棄了十吋電視這一塊市場，堅持自己的品牌是以品質取勝。反觀Sony，從十吋開始做起，沿著這個生產線一路做上去；再過五年，當把十吋的市場都吃下來之後，自然會想要做二十吋的，因爲電視愈大，毛利是愈高的。再過五年，Sony又把二十吋的市場都吃下來了。而五年前買Sony的學生，現在已經是上班族了，對一路陪伴著他們成長的Sony品牌，已經有了感情，還是會買Sony的產品，因此其品牌地位也逐漸往上提升。

平均一個品牌的生命線從萌芽到成熟，大概會花上十年的時間，RCA看到

Sony十年前進入市場，大概十年之後，就被取而代之了。美國的電視從五〇年代演變到七〇年代以後，就全是日本品牌的天下了。而所謂「破壞式創新」，就是別人用十塊錢做，我們如何用一塊錢做；剛開始一定是勞力密集、低階的產品，譬如Sony、Panasonic、Toshiba等品牌，全是由代工一路做上來的。

打造品牌，才有機會拉抬薪資

以國家而言，日本從代工起家，開始建立自己的品牌，從爛品牌到好品牌，國家競爭力隨之提升了起來。但日本企業起飛後，成本也隨之提高，跟RCA完全一樣，也要開始養活衆多員工，也得開始到台灣找代工廠。日本跟美國找了台灣跟韓國代工，於是日本五十年前破壞美國，台灣二十年前破壞日本（但沒有完全成功），然後現在換韓國開始在破壞日本。我十幾歲在美國時，韓國的三星產品被視爲是垃圾，三星電視是沒有人要買的。那時美國人的笑話是，最爛的東西就是三星電視跟現代汽車，兩家公司產品的價格都是競爭產品的一半，這是因爲爲要讓消費者一次買兩台，因爲有一台一定會壞掉。現在三星已經比Sony還貴了，但是再過十年，韓國可能又會面臨跟日本一樣的問題。

接下來會發生的事情是，大概再過五年，韓國就會到達頂端，接著是由中國大陸取代韓國。華爲、小米、聯想等，這些中國大陸的品牌通通開始崛起了。聯想以前是ＩＢＭ的代工，後來卻在二〇〇五年收購了ＩＢＭ的個人電腦部門，感覺有點像是鴻海去收購蘋果。而ＩＢＭ認爲個人電腦這塊市場毛利太低，根本就完全放掉，然後轉去做服務、做雲端，把自己的生產線拉上去，讓聯想繼續追。複製是很容易的事，但是當成爲產業的領導者時，就得自己去創新了。但是，當我們觀察台灣、日本甚至整個大中華地區的社會結構與教育制度時，就會發現普遍而言，亞洲人與亞洲公司，最缺乏的就是創新的能力。

低薪時代，正是創業好時機

根據「破壞式創新」理論，產業領導者將面臨競爭者不斷挑戰，因此產業領導者必須一直拉高門檻，從五十吋、七十吋到九十吋，當產品優勢一路被破壞掉時，就必須不斷轉型，跑在競爭者之前。譬如十五年前，蘋果電腦的優勢被破壞掉時，便誕生了一款新產品——iPhone；等iPhone的優勢不再顯著，便誕生了iPad；接著iPad的優勢再度模糊之後，iWatch應運而生，競爭者只能在後頭不斷追趕。

唯有創新，才能打敗不景氣

在哈佛念MBA時，剛好遇到二〇〇八年的金融危機，當時就有人問過教授，這場危機是否會嚴重影響到美國未來的經濟？教授回答：「你看iPhone，背面不是有寫Designed by Apple in California / Assembled in China嗎？」這是很特別的一點，因爲很少有品牌會特地標註，設計在美國、組裝在什麼國家，大部分的情況可能就寫Made in China而已。「只要十年之後，iPhone背面還是寫著Designed in California，美國就沒事。」教授說，因爲設計創新的永遠是美國的ＩＴ產業，在哪裡組裝根本不重要。所以，美國只要有矽谷，有一群充滿創新思維的年輕人願意出來創業，每十年會變出一個新花樣，譬如十年前有iPhone、七年前有臉書、五年前有雲端……一直有新東西不斷出現，國家的生產線就可以一直拉高，讓後面的國家去追趕。

台灣的生產線，剛好是卡在不上不下的中間點，代工成熟之後想自創品牌，但是並不成功，於是生產線就爬不上去了。上不去的情況之下，只好用低成本來競爭，就像ＨＴＣ無法與蘋果競爭，所以就宣布要釋出多款低價位的手機；因爲若無法賺取一支三十美元的毛利，就只能賣一百支、賺每支〇．三元的毛利；這對台灣造成的影響就是，企業原先可能雇用薪資三萬元的員工，現在則改成雇用二萬五千元的員工，因爲有這麼多年輕人都找不到工作，所以企業也不用調高薪資，這個人不做就換另外一個人來做，永遠不愁找不到人。

這條價值鏈，有點類似大自然的循環。以河川的汙染爲例，當一條河川受到汙染時，如果不要再繼續汙染它，不要超過那無可挽救的臨界點，大自然總會自我調節。這條價值鏈也是一樣，當一個國家卡在線上，年輕人的薪資從三萬二千元倒退到二萬五千元、二萬二千元，當薪資倒退到某種程度時，背後隱藏的含意就是：**年輕人該是時候要做些改變，因為他們的機會成本代價，已經開始低到沒有必要再去接受上一輩的價值觀念了**。

當年輕世代薪酸、青貧、擠國考列車

台灣現在的薪資待遇這麼低，大環境也不景氣，機會成本相對來說是低的。這是個生態循環，當整個大環境不好時，就是鼓勵年輕人去做改變；倘若不去改變，情況只會愈來愈嚴重。這時候，應該要多鼓勵年輕人去創業或做些其他的改變，因爲台灣還是有創業上的優勢，值得好好把握。而年輕人應該有義務去做改變、去創業，而不是怨天尤人，或是聽從爸媽、長輩的話去考公職，忍氣吞聲地屈服於大環境之下。

當年輕人的薪水倒退到二萬二千元時，創業的所得跟這個薪資水平相比可能已經相距不遠。十年前創業，放棄掉在市場上就業的工作，機會成本代價可能是四萬元；如今，機會成本代價變成22K，幾乎可說已經沒有什麼好損失的了。每個國家都需要有一群像矽谷那樣的年輕人出來創新、創業，才能把國家的生產線頂起來，否則就只能一直代工下去，只能不斷把成本往下壓得更低。某次我跟哈佛校友會的學長們談到這個話題時，有些人甚至認爲，台灣社會的薪資要更低，低到年輕人沒有辦法生活，才會願意站出來改革、創業。

台灣社會目前所存在的矛盾是，即使薪資已經這麼低，上一代鼓勵年輕人去做的事，仍然是去找一份安穩的工作、去考公職，或是繼續念到博士去當老師，而不是鼓勵他們出來創業，所以才會有一萬個人去爭搶一個公部門職缺、一千個人去爭取一個教師職缺的現象產生。其實重點並不是不能去考公職、不能進大公司工作，如果我們夢想的工作就是去當公務員、進大公司工作，那麼去考試、去面試是有道理的，因爲我們知道自己爲什麼要去做這件事，它可以符合我們的人生目標。重點在於，年輕人到了畢業之後仍然茫然，不知道自己想做什麼，於是爸媽叫他們去考公務員、進大公司上班，他們就說「好吧」。

「好吧」，才是最要命的現象。薪資的倒退，就是大環境在暗示我們要去做出改變。在大環境不好、經濟結構有問題時，我們要想得更清楚，眼光要放得更遠，而不是走一步算一步、別人講什麼就做什麼，就像是別人給你訂單，你就一直做代工。事實上，我們不僅應該對大環境做出改變，甚至連我們的人生，都應該對不滿的現狀做出改變，不要讓自己永遠過著「代工人生」。

到底幾歲才適合創業？

MBA畢業時，有三個同學發了email給全班同學，說他們設立了公司、要搬去矽谷了；當我收到email的那一剎那，心中除了萬分驚訝，更對他們湧起一股敬佩之情，而且某種程度上，會覺得自己是個孬種，感到有點慚愧。因為這些同學不過大我幾歲，一畢業就有馬上創業的勇氣，而我卻只敢去找一份棲身於大公司羽翼下的工作，過著安逸的上班族生活。當時我預計自己開始上班後，應該會在第一間公司先待上五年再說；但之後是否馬上創業，也並沒有答案，只是始終覺得，這輩子好歹要試過那麼一次。

我的創業契機

開始工作之後，到我二十六歲時，仍然認為這輩子應該至少要創業一次，這是一項一輩子一定要經歷過一次的試煉。我一直害怕等到自己三十五歲後，一旦有了家庭、有了小孩，可能就沒機會創業了，但是，到底幾歲才要創業？我也無法確定。現在回過頭來想，其實創業，並不是一件可以照固定時間表去進行的事，只是我很肯定當創業的機會來臨時，我一定會先抓住這個機會，把其他選項擺到一旁。

說到創業念頭的發酵，眞正的時間點應該往回倒推一年。上一份工作最後那一年，我卡在公司種種複雜的內鬥因素中，被迫執行一些在公司內部延宕已久、相當難以實行的計畫，其中包括整合上海、香港及台灣三地的辦公室成爲一個亞太區辦公室。爲此，我大概每四、五天就得在兩岸三地當空中飛人，協調裁員、縮編等問題，這份差事相當吃力不討好，而且還會得罪非常多人；到最後，當我得花上百分之八十的時間處理內部的糾紛時，很深的感觸就是，雖然當到公司高階主管，然而時間幾乎都耗費在無意義的內部紛爭上，這份工作，對我來說已經失去意義。

我的時間，永遠耗費在開不完的無聊會議中，我所提出來的建議，儘管是公司付我薪水要我去做的事，仍然會被上海、香港或台灣的辦公室全盤否決，那些會議開完了，還是不會有任何具建設性的決議或結論。這種周而復始的循環，讓我感覺已脫離了現實，也不禁納悶，是什麼因素使得某些人可以往上爬升到主管的位置，而某些人卻只能在職員的位置待上三、四十年？雖然說穿了，主管跟職員，也不過都是公司的一顆棋子，就算好不容易爬上總經理的位置，若是公司指派要飛去哪個辦公室整併、裁員，也只能照辦；因爲若不做，公司可以叫別人去做。

所以到頭來，每個人其實都是可以被取代的，沒有人是特別的。就算是總經理、高階主管，也沒有什麼不同。不滿意公司的發展，可以辭職，公司只不過就是再雇用另一個人而已。

曾經有一次在日本總公司開完會後，某個主管就拍著我的肩膀安慰我：「Joey！放輕鬆啦！這是日本公司，你還年輕，等我五年後退休，你就可以升官了。」在大公司裡是一個蘿蔔一個坑，如果上面的主管不退休、不辭職，根本就沒有機會升上去，他們幾歲退休，你就幾歲升遷。事實上，這還眞的可以算得出來，就像在跑一場沒有勝負的馬拉松，不管多早或多晚起跑，終點都是一樣的。

三十大關，我的職涯選擇

所以，當時即將面臨三十大關的我，也同時面臨了三種選擇。

第一，繼續做下去。

在一個看重年資、輩分與倫理的日本公司，如果不在意這種派系紛爭，也不在意升不上去的問題，真的可以安安穩穩做到退休，享受高薪、享受公司提供的完善福利，沒人可以動我。所以，每次只要跟公司的高階主管有爭執，他們的結論就是：「你這個美國死小孩！」在老一輩日本人眼中，外商是很沒有倫理的，只看重業績，是很冷酷的，完全不在乎職員爲公司服務了多久，只要業績被年輕人追過，就要下台。

的確，從亞洲人的角度來看，亞洲人很重視感情、家庭、輩分、關係，這種忤逆的事是不可以發生的。但是，這種傳統也會導致另一方面的缺點：缺乏效率、不會創新，長期下來會失去競爭力。如果你知道自己熬到什麼位置之後就不用怕了，那何必去做任何冒險的創新呢？

第二，轉換跑道。

換一份到新加坡、香港或北京上班的工作。當時我心裡有譜，知道自己大概在二〇一三年就會離職，只是往後的路還沒想清楚，正猶豫該怎麼辦。一般來說，第一份工作應該要做到五年左右，對自己的履歷表才有加分；但那時我才做了三年多，感覺要離開還有點早。

在這段時間，也有獵人頭公司來找我，提供的工作機會，性質都差不多。譬如某個想進入大中華市場的外國新創公司，可能之前在歐美等其他市場已經做得很成功了，現在剛好有個投資銀行想把它推往國際市場；這個公司的創辦人，可能是在其專業領域學有專精的設計師或工程師，但並非專業經理人，缺乏將這個公司國際化的能力。因此，投資這個公司的投資銀行，一方面會提供其國際化的資金，一方面也幫公司雇用一位專業經理人進來，協助在大中華地區或亞洲各城市的營運與設點等業務。

因爲這種類型的公司，通常創辦人年紀也不大，可能才三十幾歲，所以投資它的投資銀行就會去找獵人頭公司，告訴他們專業經理人的條件是「年紀必須跟創辦人差不多，溝通上才不會有隔閡；最好是半個美國人、並且在美國念過ＭＢＡ才能跟銀行溝通；最好要會講中文，有在中國市場經營品牌的經驗。」所以我曾經遇過幾個這種類型的工作機會。

第三，創業。

創業呢，或許念過MBA的人，或多或少都會有這樣的「終極夢想」，希望這輩子不會一直替別人工作，總有一天要自己創業。

每逢星期一早上起床時，想到自己不得不執行公司的要求去關閉某個部門、奉命到哪個辦公室去裁員等，心情眞是百般無奈。有些基層員工可能以爲當到主管，星期一早上起來就不會有「星期一症候群」，其實，可能只會更加嚴重。除非公司是自己的，否則上頭永遠會有主管，如全球營運長、全球副總裁等。所以我們每天早上起床，是爲了別人去鬥爭、爲了別人去開會、爲了別人去拚得頭破血流，而且還是爲了某些自己不見得認同的事。這一切，都會讓人不禁想到自己所爲何來？我們的心力與時間，絕對可以貢獻在更有意義的事情上。

想想看，我們這輩子或許還有三、四十年的時間可以去「替別人」工作、替別的公司完成他們的年報、季報，替別人完成他們的人生夢想。但是，有什麼時間可以「替自己」完成創業的夢想呢？

選那個「不做會後悔」的決定

當我正考慮轉職的時候，因緣際會之下剛好與現在的合夥人在酒吧小酌，聊到社群媒體的想法，說起歐美已有這類模式的先例，台灣卻還沒有等等；一開始只是純粹聊天，但愈聊愈深入後，發現雙方都對這個主題有相當的了解與興趣，也頗有自己的想法。後來我飛回上海繼續上班，但是那次的談話，激發了某些火花，也在我的心裡種下一顆小小的種子。畢竟，這並不是像要上外太空那種很抽象、瘋狂的事，它還算是一個具體可行的點子。

為何歸零？其實答案很簡單

當時我大約每三週就會回台灣一次，於是就跟現在的合夥人約好，再碰面認真討論這個想法，思考在台灣實現的可行性。大概在二〇一二年十一月時，我在上海發信給他，約好兩週後的星期五等我回台北時再談。而從第一次談完之後到第二次見面已經相隔一個月，這期間，我自己也一直在思考這個想法的可行性。這次我特別抓緊時間，並且打電話先跟他說：「我大概晚上十點半降落，然後從松山機場過來，我們十一點在酒吧碰面。」

不巧的是，那天我的班機延誤，拖到半夜十二點才到。好不容易在吧台坐下，他問我：「什麼事？」這一次，我們談事情的氛圍就不一樣了，已經不是純聊天。我跟他說：「再過幾個月，我可能會辭掉目前的工作。假設我真的辭職，也不打算找其他工作，而是要去做這件事的話，你願不願意跟我一起創業？」沒想到他竟然回答我：「應該可以。」於是我說：「那好吧，假設我真的辭掉工作，假設我們真的要做，那麼現在，我們就來把後續的待辦事項列出來吧！」於是我就拿出筆記本開始一一列出待辦事項，全部討論完已經深夜了，各自喝了一杯便分頭回家。

思考了一個週末之後，星期一我飛回上海；到了十二月，我在上海辦公室思考去留問題時，心中千頭萬緒，於是定下心來，回到一個最基本的邏輯，自問：「當下有哪個決定，是不做就會後悔的？」

我最常被人問到的問題之一，就是：「你在外商公司做得好好的，爲什麼要突然放掉一切，重新歸零？」尤其對許多年輕人或學生來說，這樣的工作機會，可能是他們夢寐以求的「夢幻工作」。其實答案很簡單，我只需要問自己，在當下我所擁有的三個選擇之中，哪一個是當下放棄掉，這輩子就再也沒有機會可以去做的？

第一個選擇，是繼續在現在的公司做下去。表面上看起來光鮮亮麗，也總會等到升遷，但是一輩子就這樣爲別人的公司效命，不論多大的頭銜，也只是好聽而已。

第二個選擇，是轉換跑道到別的公司。一來，這是一個換湯不換藥的選擇，只是換一家公司效命而已；二來，這並不是一個此時不做，以後就沒機會去做的選擇，人生還有幾十年的時間可以當上班族。

第三個選擇，是創業。碰巧在人生的這個階段，我遇到了未來的創業夥伴，一起激盪出創業的想法；我們都同意台灣有這個需求，也想不出任何不應該去做的理由，那麼，放掉這個機會，以後會不會覺得可惜？是不是這輩子這個時候不做，以後就沒有機會了？

我怕失敗，但更怕後悔

很多人二十二歲時會跟自己說，之後時間還多著呢！沒錯，的確時間還很多，但是，有什麼選擇是我們現在放掉，以後就沒有時間去做的？有什麼選擇是當此時此刻放掉，就再也沒有機會去做、會讓我們遺憾終生的？有什麼抉擇是現在放掉，等四十歲照鏡子時開始扼腕：「當年的我，爲什麼不去試試看呢？」

我認爲當時只有創業這個選擇，是當下放掉，這輩子就再也沒有機會去體驗的，也是我現在若不去做，以後一定會後悔的一件事。

下定決心之後，我傳了個訊息給合夥人：「現在是十二月，我下個月遞辭呈的話，你敢嗎？」過了幾分鐘，他回我短短的一個字：「好」。於是到下一次我飛去東京時，就遞出了辭呈，九十天生效。於是到三月底、四月初時，我辭掉了工作，五月回台灣休息一個月。二〇一三年六月，我開始正式在新創公司上班。

然而我必須承認，當我的老闆問：「你確定要辭職嗎？」而我回答確定之後，他印出一份文件要我簽署的那一剎那，我還眞的會感到害怕！因爲一旦簽了，原本熟悉的生活型態將蕩然無存，原本完全不必去擔心的問題，從簽完的那一刻開始，也全都得面對。

說不會怕，是假的。試想，我才三十歲就會怕，就會開始去計較機會成本，就會想到以前優渥的薪資、福利。簽字的那一剎那就已經會害怕了，更何況把這感覺再加十年，到四十歲有家庭、有小孩時，只會比現在更害怕好幾倍吧！我不想欺騙自己，說自己到了四十歲時還敢創業。只能說，創業愈早做愈好，因爲勇氣只會逐年遞減，與年齡呈反比。

面對這類抉擇的年輕人中，有一半可能眞的很困惑，有一半其實是知道方向的，但是很容易就被干擾了。爸媽的建議、朋友說的話、過完年的壓力，都會影響他們。但是，當把沒有必要的情緒、虛榮心、壓力抛開之後，思考邏輯其實非常非常地簡單，就是**選擇一個你覺得之後不會再有的機會**，考慮清楚那是夢想而不是一時興起的念頭；在下定決心的當下，勇氣會自然地隨之產生。相較之下，如何說服爸媽、如何去集資募款等，都是技術性問題，沒有想像中那麼困難。

保持創業熱情，按部就班執行

我與合夥人坐下來討論創業事宜時，第一件要先決定的事，一定是：「你打算什麼時候辭職？我打算什麼時候辭職？」因此我才決定在二〇一三年一月遞辭呈，因為會在九十天之後生效。一旦這個時間點確定了，就可以用來找方向、訂下時間表，知道接下來需要做什麼事了。譬如，何時要搬回台北，需要多少天去設立公司等。所以我四月搬回來，五月休息了一陣子，六月公司開始營運。

當時是十二月，因此倒推回去算，就知道到六月之前有什麼事項是必須完成的。譬如找投資者就是其中之一，最理想的狀況是到六月公司開始營運時，就已經有投資者的資金挹注在公司帳戶中了。一般來說，找錢、談判、簽合約，至少要花三個月時間，從六月倒推回去就是三月。因此，我們據此決定了時間表：二、三月去找投資者，四月開始準備設立公司，五月完成所有的設立，之後開始正式上班。

抽象，具體，量化，執行

如果二、三月就要找投資者，代表過年之前，公司的營運計畫就要完成。就這樣，一步步倒推回去，我們也按部就班逐步進行。以找投資者爲例，我先把所有預計要找的投資者一一列出，開始研究台灣有哪些「天使投資者」（Angel Investors，指提供創業資金以換取可轉換債券或所有權權益的個人投資者）、創投投資者（Venture Capital，指創投資金對創業企業進行股權投資，以期所投資公司發展成熟後，藉由退出股權、獲得資本增值收益的投資方式，多半爲公司投資者）、私募基金（Private Equity，指一種針對少數投資者而私下、非公開地募集資金並成立運作的投資基金）等，並且研究所有與創業有關的事項。

同時，我也一邊尋找哈佛的類似商業模式案例、創業相關材料以及撰寫營運計畫的範本，做爲參考。於是我與合夥人如期從十二月開始著手撰寫營運計畫及簡報（Pitch deck，投售過程當中對投資者簡報用的簡報檔，大約十頁，包括營運計畫、預估營收利潤、需求資金等重點事項），並於一月初完成。後來，這一大疊厚厚的資料更被我物盡其用，拿來做爲我們公司教導實習生的教材，規定實習生來公司上班之前都要先看完，才能對「什麼是創業」有大致了解。

從頭到尾，我所依據的邏輯都是一樣的：抽象→具體→量化→執行。「創業」聽起來很抽象，而愈抽象的東西愈令人害怕，因爲人總是會害怕自己無法想像的事物。

所以，**一提到創業，大家馬上會想到的是：要砸好多錢！風險好高！失敗了或破產了怎麼辦？名譽毀於一旦怎麼辦？欠投資者錢怎麼辦？**「創業」對大多數的人來說，就像是看到一個黑漆漆的房間，馬上聯想到裡面是不是有怪物？有吸血鬼？

但是，當把它具體化之後，其實沒有那麼困難；我們可以把它打散，一步步進行：六月要創業，四月要離職，一月就要遞辭呈，二、三月要找投資者，一月就要寫好營運計畫，十二月就要開始寫……就這樣類推下去。而我們想像中的妖魔、花百分之八十的時間在擔心的事：破產、債務等，那已經是很後面的事情了。這就像一個人還不會走路，就在擔心萬一開車接到罰單、出車禍該怎麼辦一樣。

總而言之，創業的第一個步驟，永遠都是**把抽象的事物具體化**，然後再**把具體化的東西量化、把量化的東西拿去執行**。

在技術面上，要強迫自己按照量化的計畫去執行。

高鐵一個月有多少乘客？

從以前到現在，我在面試員工時都會問應徵者一個類似這樣的問題：「你認爲高鐵一個月有多少乘客？」很多人乍聽到這個題目都一頭霧水，但我會提示他們：「慢慢想，一步步拆解給我聽。」因爲我想要知道的，其實是他們一步步從抽象到量化所推演出來的邏輯過程，正確的答案到底是多少人，一點也不重要。

最不用大腦的回答方式是直接用猜的：「我覺得有五十萬人。」我問：「爲什麼是五十萬？」「人口加起來差不多五十萬啊！」如果我再追問：「爲什麼加起來差不多五十萬？」「我覺得五十萬嘛！」或是開始發脾氣：「爲什麼這個問題重要？我不覺得這種問題重要！」正確的回答是，雖然不知道確實的數字，但可以從自己知道的一些數字，一步步去加以推算。譬如，假設高鐵有十個車廂，一個車廂可以容納大約五十個人，那麼一班高鐵列車大約可以坐五百個人；如果一小時有四班車，就是兩千人；如果一天行駛二十個小時，一天就是四萬人，乘以三十天，一個月的總載客量就是一百二十萬人。

以我的面試經驗來說，如果稍微跟面試者暗示一下這個問題的用意是什麼，重要的不是數字，而是怎麼去拆解它，有一半的面試者的確可以遵循「從抽象到具體，從量化到執行」這個邏輯，一步步拆解問題。這也代表這樣的思考邏輯訓練，的確可行。

學習「瓶頸」思考

在談到從抽象到具體、從量化到執行的邏輯時，「瓶頸」的思考方式，也是我想分享的一個十分基本又極為重要的訓練。

想像有著曲線瓶身的可樂玻璃瓶，許多可樂瓶一瓶接著一瓶，沿著生產線往前移動，到某個定點就依序地被清洗、消毒、注入可樂、蓋上瓶蓋等一連串作業。「瓶頸」最常被用到的比喻就在這裡。觀察這個可樂瓶，試想哪一處會影響它被注滿可樂的速度？答案當然就是最窄的地方——瓶頸。

找出問題的「瓶頸」

從專業經理人的角度及我個人的管理經驗來說，百分之七、八十商業上的問題，舉凡效率太差、速度太慢、業績太低、費用太高，永遠都在找出問題的「瓶頸」，才能解決問題。永遠要找出一條生產線、一個部門、一間工廠或公司甚至一個國家的「瓶頸」。

舉iPhone的生產過程爲例，假設物料進來之後要經過ABCD等四個步驟以製成成品。A步驟需要三十秒，B步驟需要六十秒，C步驟需要一百五十秒，D步驟需要二十秒，四個步驟加起來一共要二百六十秒。假設今天你是一位專業經理人，鴻海董事長郭台銘說蘋果反映這四個步驟要花二百六十秒太久了，三星只要二百二十秒，所以你去位於深圳的工廠看看該怎麼把二百六十秒的作業時間縮短，提高生產效率。

你得去工廠提高生產效率，乍聽之下這個任務似乎很嚇人，但仍然可以遵循一定的邏輯去拆解。第一步就是先把抽象的東西具體化，具體化之後量化，量化之後找瓶頸，一步步推演下來。這個過程教你的就是冷靜、理性、看數字，而不是依據各部門自己的理由、解釋或是把責任推到其他部門等種種非理性的藉口。在做判斷的時候，必須依據的是客觀的數字，把個人好惡置於一旁。只要把所有生產步驟需要的時間列出來，然後找出瓶頸出現在哪個步驟。最理想的情況是，每一個步驟都跟步驟D一樣，只需要二十秒，誰也不用等誰，生產線就可以很流暢地運轉下去。

因此，所有管理者的第一步就是找出瓶頸在哪裡，只要更動瓶頸這個步驟就好，不需要動到其他步驟。以這四個步驟爲例，它的瓶頸可能就是耗時最久、需要花上一百五十秒的C步驟；倘若想辦法縮短到至少跟B步驟一樣的六十，等這一步改善之後再去改進其他步驟，譬如把B步驟的六十秒縮短到跟A步驟一樣的三十秒，再把所有需要三十秒的步驟都降到二十秒，以此類推。

再舉一個簡單的例子。想像煤礦坑中那種小小的運煤火車，在軌道上不停地運行前進。好比我們公司現在有三個部門，編輯、業務及IT部門，以管理的角度來看，就像是有三列火車一直在前進。而管理者的責任，就是要在各部門沒有意識到管理者的存在之下，先幫所有的部門鋪好路；在他們還沒想到自己的需求之前，管理者就要先幫他們想到。也就是說，在大家感覺無爲而治的情況下，所需要的各項資源都已經默默地到位了，讓所有員工都能順利前進，不需等待，因爲任何一列火車停下來、卡住了，就會形成一個瓶頸；就算只停了一秒鐘，都是資源上的浪費。身爲管理者，必須讓這三部火車永遠可以順利前進。譬如在三個月之前，就可能要先想到，三個月之後公司會需要雇用編輯、攝影等人員，需要攝影棚等設備，所以早在三個月之前就必須先找好廠商、估好價，等編輯部門提出這個需求時，一切都已經預先爲他們準備到位了。

在生產線發生瓶頸卡住時，管理者常犯的一個錯誤，就是自己跳下去做。譬如ＩＴ部門卡住了，然後我就自己跳下去幫忙寫程式。事實上，我與其花一分鐘幫忙寫程式，還不如把這一分鐘的時間花在幫這個部門找一個會寫程式的人，這比我自己親自跳下去做要來得更有效率，否則我自己可能會成爲那個最大的瓶頸。

「瓶頸」的邏輯思考方法，甚至還可運用到工作之外的領域，包括家庭、感情等方面。而在這樣的邏輯推演過程中，我們必須根據客觀的事實、數字去做判斷，個人的看法如何，並不重要。這個「瓶頸」的思考訓練，對我的影響相當深刻，在接觸到這個觀念之前，每當要做任何決定、被問到自己對某件事或某個人的看法時，我只會說：「那個人不錯啊！態度很好啊！」或是「那件事感覺很合理啊！」之類的話，因爲沒有受過這種思維訓練的人，百分之八十的切入角度都是「我的印象怎麼樣」「我的感覺怎麼樣」。然而這對於如何做出正確的決定，一點幫助都沒有。

什麼是創業的瓶頸？

那麼，創業的瓶頸又是什麼？許多人對創業感到最無奈、無法具體化而且無法量化的，可能就是那個可遇而不可求的好點子。誠然，就算我們滿腔熱血，若是沒有碰上好的創業想法，也沒有碰到天時、地利、人和的好時機可以發揮，的確是一籌莫展。然而，倘若眞的讓你碰上了創業的好點子跟好時機，你敢不敢去實行呢？還是會浪費許多時間在說服自己是否現在要去做這件事？

如果打定主意未來想創業的話，就該找機會去加入某個創業團隊，或者去找一間可能與未來創業領域相關的大公司實習或工作，逐步吸收經驗、拓展人脈，有計畫地朝預定的方向與目標進行，隨時讓自己處於準備好的狀態，萬事具備只欠東風，等機會一來，就不要給自己一大堆不去做的理由。

另一個建議是，把自己的框框放大。學生或上班族平常活動的範圍多限於學校或公司，應該找機會實習、訪問創業者、加入創業者的聚會，把生活的框框放大，思考的層面也會愈來愈完整、愈來愈深入。如果很早就立定志向要創業，那麼就要提早接觸創業者，或者去上課、旁聽創業相關課程，盡量去嘗試不同的經驗、吸取不同的資訊，藉著相關的書籍、影片、活動、網路資訊、實習機會等，逐漸擴大自己的視野，持續保有競爭力。聽得愈多，想法會慢慢成形，也會知道自己原本的想法到底可不可行，了解自己缺乏的是哪一塊，再去補足自己缺乏的部分。譬如，知道自己缺乏商業管理的知識與技能，就可以去進修管理相關課程，選擇一個跟未來創業方向有關的工作或領域就業，同時累積這方面的人脈、經驗與資源，全方位地、一步步策略性地去把自己的創業理想準備好，對未來的創業都會很有幫助。

認識新創公司的五個階段

假如自己所學並非管理等相關背景，也沒有管理或創業的相關經驗，對一個新創公司從創設開始到獲利上市，會經歷什麼樣的過程並不了解，那麼，先認識新創公司的五個階段，或許可以對一個新創公司的發展過程、基本的投資觀念與數值估算，有些初步的了解及幫助。

創造價值的魔力

第一個階段，就是**設立公司**（Company Setup）。在台北市，一個單純的行業、單純的公司，一、二個月就可以設立完成，找會計公司辦妥相關事宜，找銀行開一個公司登記的帳戶、匯入資金，送審驗資，大約三十到四十五天就可以拿到市政府發下來的公文，完成公司設立。這時，很多年輕的創業者可能會高興地歡呼：「耶！我的公司成立了！我已經是創業家了！」其實，設立公司只是創業最基本的第一步而已，公司可不可以存活到首度獲利、靠自己的商業模式達到收支平衡，才是重點。

第二個階段，叫做**播種**（Seed）。當你什麼都還沒有，公司還沒成立也還沒有工作團隊，你跟合夥人拿著簡報檔去找投資者時，假設投資者聽完簡報跟商業模式後，對你們的想法很滿意，以至於在八字都還沒一撇的情況下願意投資你們公司，這就是在播種期。他可能會這麼說：「我很喜歡你們的想法，願意投資你們兩百萬台幣，但是我要求擁有公司百分之二十的股份。」這些數字背後的意義，就代表著公司的「估值」（Value）有多少。以上述的數字來看，兩百萬台幣除以百分之二十，公司預估的價值就是一千萬台幣。

創業者的責任就是要抬高公司的估值，將市場上認爲這間公司的價值抬得愈高愈好，所以投資金額拿到愈多愈好，而賣掉的股份則愈少愈好。假如我接受了這個條件，這一千萬就叫做「交易後估值」（Post-money Valuation），一千萬減掉二百萬等於八百萬，這八百萬則叫做「交易前估值」（Pre-money Valuation）。

對創業者而言，這是最重要的第一步。意思就是說，假設在十月一日時有人給了你這樣的條件，說公司價值一千萬，想想看這是多麼美妙的一件事！這代表著九月三十日之前，你什麼都不是、什麼都沒有，但是一日之隔，居然有投資者願意給你兩百萬，只因爲他覺得你的想法有一千萬的價值！

從那天開始，你已經成爲一位值得尊敬的創業者。估值代表除了你之外尚有人認可了這個想法的可行性與價值，代表你越過了那個關卡，這是第一個可喜可賀的里程碑——公司的估值昨天還是零，今天就變成了一千萬！而你如果占公司百分之五十的股份，那麼你的身價昨天還是零，今天就變成了五百萬！這是多不可思議的一件事！此時此刻，的確值得大肆慶祝一番！

就是這種「創造價值的魔力」，讓許多創業者前仆後繼，也是爲什麼有那麼多年輕人願意到矽谷去創業的原因。如果去考公職、當普通上班族拿三萬元的月薪，你爲國家創造的GDP也僅止於此；如果選擇創業，你貢獻給國家的GDP絕對更多。只要有年輕人一直不斷地去創造這個價值，一個國家的整體價值就會提升，這也是爲什麼矽谷跟美國可以安然度過每一次的經濟危機或金融風暴，因爲每當美國經濟要走下坡時，總會有在矽谷創業的年輕人，不斷地爲國家創造價值，以價值滾出更多的價值。想想單單一個臉書，就創造了多少億的價值。

美國的GDP因此養活了多少納稅人、多少家庭、多少的公益機構與慈善團體等，但在亞洲或台灣，經濟成長停滯甚至下滑時，沒有更多的年輕人去創造價值、帶動經濟的重生。一百個年輕人去試的結果，倘若只有一個成功，這一個所引發的影響也是很廣大的，所創造的GDP又可養活好幾個創業家。但是，當這一百個年輕人都去報考公職時，所產生的GDP可能會變成較爲固定而有限。

然而對投資者來說，完全相反。他不認識你，你的公司也還沒有設立，他投資你的是早期的種子資金（Seed Money），風險是很高的，所以他的理想是以愈少的錢拿到愈多的股份愈好。這就是投資者與創業者之間的談判了。對創業者來說，在育成期什麼都沒有的情況下，談判籌碼愈少、估值當然也愈低；到了快速成長期，公司成立了、有員工了，就稍微有把握；到了成熟期，連商品都出來了當然就更有籌碼。等到公司開始賺錢，估值當然會愈來愈高；但若是公司表現得不好、管理不好或是商品做不出來，估值當然跟著愈降愈低。因此，創業者的第一優先順位，是努力把公司的估值衝得愈高愈好。

不以投資金額選擇合作對象

同時，在選擇投資人時也要小心，因爲投資人的立場不一定能與公司未來的方向一致，所以**不能單以投資金額的多寡，做為選擇合作的標準**。舉例來說，如果有某個特定立場或訴求的投資人提供你最高的投資金額、要求最少的股份，你的公司估值馬上一飛衝天，當下的確令人心動。但是我們要想到，如果拿了對方的錢，就有了特定立場或訴求的包袱，對於公司未來的發展，不一定是有利的。

如果投資者給你兩百萬，你在一年之內把這筆錢燒完了，那麼到下一輪，你又要集資一次。假設你表現很好，譬如說已經做出商品，甚至也開始獲利了，那麼也許原本第一輪的時候估值是一千萬，到了第二輪投資人認爲你表現得非常好，公司的獲利已成長兩倍，於是便將公司的估值抬高到兩千萬，那麼他可能再給你兩百萬，但是只要求百分之十的股份，意思是他給你的錢相對於他所要求的股份，換算回去你的估值會愈來愈大。

創業者的責任就是，經過育成期、快速成長期、成熟期三次的集資後，順利地將公司上市、售出或被併購。投資人不會無限期提供資金，可以集資三至四次算是很好的，每一次集資來的資金，應該夠你燒一年到一年半的時間。所以，預計五到七年左右，公司就該上市、售出或被併購。創業者必須在經過每一輪的集資後，讓公司的估值愈變愈大，譬如育成期公司估值四千萬，快速成長期時變一億，到成熟期時變一百億。這時你的股份會因爲一直被稀釋而變得愈來愈少，但因爲整塊餅已經愈變愈大了，所以你的身價會愈來愈高。等到公司要被賣出去時是十億，那麼你可能分到二億，投資人分到六億，員工拿剩下的二億去分。

燒錢率與跑道，創業家不可不知

現在，先假設投資人一開始給了你兩百萬，你一個月的「**燒錢率**」（Cash flow burn rate）要燒二十萬，那麼這兩百萬可以讓公司支撐十個月，這十個月叫做「**跑道**」（Runway），這是創業極爲重要的兩個名詞。「跑道」意味著公司還剩多久的營運時間，「燒錢率」就是公司每個月要花費多少現金。

這個跑道，意謂著創業就像飛機跑道一樣，在有限的營運時間之內，公司不是起飛就是墜機，所以就創業者來說，除了將公司估值愈拉愈高之外，也要把跑道愈拉愈長，嚴格控制每個月的公司花費。不過，跑道太長有時候對新創公司並不是一件好事，容易變得鬆懈懶散。有一次，我剛好到一間做有線電視的新創公司開會，它的辦公室超高級，因爲投資人給他們八百萬美金！這個天價讓我嚇了一大跳，雖然十分令人羨慕，但是有了這麼寬裕的資金、這麼漫長的跑道，這間公司在花費上可能就不會過於精準計算、錙銖必較，往前衝刺時，可能也就不會加快腳步。

創業超好玩，怎捨得回去上班

第三個階段，是**首度銷售**（First Sale）。市場上開始有消費者願意花錢來買你的商品，代表你的商品已經受到市場肯定，也就是說，除了你自己及投資人，現在又多了消費者的肯定。通常一個新創公司至少要一年左右的時間，才會進入這個階段，因爲要調整、測試商品，等到它可以銷售，平均至少需要一年的時間。

第四個階段，則是**首度獲利**（First Profit）。這也是一個非常重要的里程碑，就像你的孩子終於找到工作、可以獨立養活自己了。譬如這個月公司花了五十萬，但是賺了七十萬，終於收支平衡、終於有毛利產生。這也是一個值得大肆慶祝的時刻，因爲公司總算熬到這一天，貢獻給社會的價値高於從社會取得的資源了。通常一個新創公司要走到這一步，至少需要兩到三年的時間。

第五個階段，**公司上市或售出退場**（Exit）。經過育成期、快速成長期、成熟期的集資，公司的估値被一波波地拉高，最後退場，亦即上市或售出。當公司估値翻了好幾倍時，對於創業者來說一方面雖然是個很大的榮耀，另一方面也是個很巨大的壓力；因爲必須在有限的跑道上，持續不斷地拉高公司的估値、增加公司或產品的價值，以符合投資人的期待。

創業雖然壓力超大也超累，但也眞的超好玩，這也是爲什麼許多人創業過之後，如果創業的經驗是頗爲正面的，委實沒辦法再回去當一般的上班族。試想，當我們經歷了如此分秒必爭的創業歷程，怎麼能再忍受去別人的公司上班，浪費時間開沒有意義的會？這就是爲什麼會有「連續創業家」這個名詞的出現，選擇不斷地創業。假設今天創業成功了，公司順利地被併購或售出，拿到了一筆錢，那麼我們可以利用這筆資金，轉換角色變成投資者，因爲自己創過業，其他投資者對我們有信心，這時就可以集合大家的資金，成立一個更大的基金，專門投資符合這個團隊當初創業方向的新創公司，或許利用自己的人脈與經驗去協助這些被投資的公司。或者，可以成立一個育成中心，把創業經驗傳承給他們，這也是創業者的另一條出路。

算好創業要燒多少錢

記得在哈佛念書時，教授常對我們開玩笑說：「在你的職場生涯中，唯一不會在背後捅你一刀、不會騙你的，就是數字。數字是你唯一的盟友。」若要開始創業，數字觀念的重要性更是無可取代。把所有的數字算出來、攤開來看，是評估你的創業模式可不可行最簡便、快速的方法之一。

創業要花多少錢？動手算一算

對想創業的年輕人來說，他們會想到的第一個關於創業的問題，往往就是：「創業到底需要多少錢？」也有很多人會問我：「你創業花了多少錢？」我們所有人二十歲時，想到創業腦海中浮現的第一個問題就是錢，以爲一定要有成千上百萬的資金才能創業。當然，如果我們的創業內容包括要蓋自己的工廠，那的確需要很高的資本額，非得去找投資者籌措這筆資金。但如果是寫APP，三個工程師就可以搞定程式問題，或許只需要十幾、二十萬。**因為創業的性質不同，我花了多少錢，並不代表你也必須花這麼多錢才能創業；我累積了多少的資本額，不代表你就得累積一樣的資本額才能創業**。

這個問題的答案，我們可以用很技術面的方式來拆解。永遠要先計算的是，你每個月要燒多少錢？你應該預留多少時間當成創業的生命線，也就是你的「跑道」？舉例來說，你想設立一間專門寫APP的公司，最主要的成本就是員工的薪水；假設這個創業團隊一共有四個員工，一個人每個月的薪水是四萬元，那麼一個月就是十六萬元，加上其他勞健保費等，大約一個月二十萬，再加上辦公室租金三萬元，以及水電費、電話費、網路費等雜支，一個月的開銷總共要大約三十萬。一般來說，你至少要準備半年到一年的資金來應付這些開銷，也就是說，你的跑道要長到足以讓你把商品做出來、上市、銷售，還可以有幾個月的緩衝期；假設你預計你們的APP要六個月的時間才能完成，六個月之後還需要找人行銷、銷售產品，以及找投資者的時間，所以我們預估，至少得準備九個月到一年的資金，以一個月三十萬的開銷來算，相當於二百七十萬到三百六十萬元。

以上是一個很好的例子，讓我們練習把抽象的東西（創業）具體化、量化成數字，只要按照這個方法，一分鐘之內就可算出創業要燒多少錢。此外，投資報酬率也可按這方法算出來（一個商品賣多少錢、一個月賣多少個……），我們馬上就可以知道，投資報酬率到底與投資成不成比例？如果要花二百七十萬做這件事，但是商品怎麼賣都只能賣一百萬，那就要考慮清楚是不是眞的要投入這筆資金。

不是投入多少，而是能獲得多少

投資報酬率跟我們的商業模式有關，如果投資金額很高，但投資報酬率更高，當然值得去試。但是很多人光聽到前半段「要燒多少錢」，就打消了念頭，因爲他們沒有很務實地去思考，算出具體的數字，去判斷這些數字到底有沒有道理。當然，算出基本的數字只是第一步，如果沒有這麼多資金，一方面就要去想如何找投資人，另一方面就要刪減預計的成本。比如說只有一百萬，若還是要準備九個月的開銷，那麼可能每個人都要減薪，或是根本不要租辦公室，找個廚房或車庫等，以各種方式去降低每個月的開銷，「開源」與「節流」並行。

收支平衡也可以按這個方法，很快地、粗略地計算出來，只要先把每個月預計的開銷成本以及開始有收入進帳時的各項收入來源、任何想得到的數字，通通列出來，列得愈仔細就愈接近實際狀況，那麼就愈容易算出可以達到收支平衡的時間點，會落在哪裡。

根據這個簡便計算方法，創業的停損點也是算得出來的。譬如投資金額有四百萬，預計每個月會花三十萬，你的時間就差不多是十三個月；所以在這十三個月之內，不是把公司做起來，靠自己達成收支平衡；就是錢全燒光了還是做不起來結束營業，或者找到願意再提供資金的投資人，爭取多一些時間。這些我們都可以計算得出來。然後可以跟自己的父母親這麼說：「給我一年的時間，如果創業不成功，我就去找工作。」

避免創業的最大惡夢

我們公司在二〇一三年正式營運之後，我寫信聯繫某位投資者時，曾被邀請去參觀一家新媒體公司。這家公司也想生產理性客觀的新聞，有攝影棚、主播台等設備，跟我們的理想非常類似，創辦人中有學者也有資深的媒體人，滿懷理想地想要改變台灣的媒體環境。後來得知，這間公司的資金是創辦人自己集資加上募款而來，到目前爲止已經增資好幾次。

就創業的進程來說，倘若已集資數次，公司仍沒有顯著的進展或是明顯的出路（上市或售出退場），之後就會有問題，因爲投資者不會一直無限度、無限期提供資金，所以可能頂多剩下一到兩次的集資機會，接下來就得靠自己的商業模式來達到收支平衡，或是售出公司，或被併購，否則就會出現財務危機。因此當會面結束，我跟合夥人步出那間公司時，我告訴他我超級敬佩這一群前輩，願意爲了理想去做這件事；我們不過三十歲就已經覺得快要累死了，更何況他們已經是一群中年人，然而隨後我有感而發地說：「他們的狀況，就是我創業最大的惡夢。」

「我們眼前的路只有兩條，一是我們在兩年之內做不起來，公司快速破產，承認自己遜，沒有創業的命，沒有創業的能力，但至少我不會感到遺憾或後悔。二是，我們的公司可以在兩年內快速成長，對台灣產生正面的影響與改變，最後順利上市或是被併購，總之有一個明確的結果。我怕的是五年之後，我們的網站流量仍然徘徊在某個固定數字，不賺錢又不虧錢，不上又不下，怎麼辦？」

此時，就個人層面而言，這幾年的時間心力都已經投入進去了，然而因爲公司的情況仍未明朗，什麼決定都不敢做：要結婚成家嗎？要生小孩嗎？公司還沒賺錢，這時候做這些決定，不是不負責任嗎？這，不就是創業的最大惡夢嗎？爲了避免這樣的創業惡夢，設立停損點是非常重要且必要的。最基本的計算方式，就是計算你有多少資金、每個月要燒掉多少，就知道你的創業跑道還剩多久。記住在還沒到達停損點前，先考慮清楚公司的狀況與可能的出路。

別被過多「雜音」干擾

我和合夥人都同意，我們所創立的這個社群媒體，要以一種全新的型態去打破傳統的媒體操作方式，評估過後也認為這樣的商業模式是可行的。在創業的過程中，我認為一件事只要百分之七、八十（哲學性問題）確定是可行的，那麼剩下的百分之二十（技術性問題），如果想兩個月也想不完整，就走一步算一步；因為有些問題要等遇到了才會想到，有些是船到橋頭自然直的，有些則是無法控制的，想了也沒用，暫時不需要煩惱。這些問題，都是會干擾我們的「雜音」。

哪些是「雜音」？

哪些是「雜音」？雜音可以是自己產生的問題，譬如在還未去執行一件事情之前，就先杞人憂天地自我幻想一大堆可能會發生的問題。雜音也可以是別人跟我們說的話、對我們產生的影響，譬如來自長輩的建議、爸媽的壓力，或者是親朋好友的評語；不管來源是誰、型態爲何，雜音都會阻礙我們朝目標邁進。

舉個典型的例子。某次座談會結束後，有個男生來找我，他說：「我想念MBA，我已經去補GMAT了。」他說自己今年三十歲了，補GMAT已經補了四、五年。我問他爲什麼要補這麼久？他說：「因爲，如果我考不過會很丟臉。」他又補充：「過年的時候，我跟家人說我要考MBA，他們都覺得我考不上；而且連年紀比我小的親戚都出國念博士了，跟他們比起來，我覺得自己好丟臉……」

於是接下來的一個小時，他一直就「你覺得我家人對我的看法，重不重要？」「家人跟親戚瞧不起我，怎麼辦？」「我考試失敗的話，怎麼辦？」這類問題打轉。其實這些問題都是「雜音」，跟「我想要念MBA，因此我現在要去補GMAT」這件事，一點關係都沒有。事實上，這個男生並不是來請教我如何考MBA或是念GMAT，而是因爲他缺乏自信，以致於他詢問我的每一件事，都是在說服自己打消這個念頭：「我想我今年不要出國念MBA了，明年再說吧，因爲我壓力很大，慢慢來就好。」這就是爲什麼他想要申請MBA四、五年了，到現在還是毫無進展的原因。

其實只要目標確定，其他的技術性問題就不需要想太多，以免被太多的「雜音」所干擾；更何況有些問題，可能是目前無法解決的，或是還沒發生的，想也沒用，不如不要想，專注於眼前可以解決的問題上就好。因為不管什麼情況，一定都會有自己無法控制的因素存在。

我當初申請MBA，也有自己無法控制的因素，譬如說我那個年齡層（二十三歲）去申請MBA的申請者，有百分之九十九的人都被拒絕，只有百分之一的人會申請上，這是一個事實，當然不是我所能控制的。當時我自問，是否還是要申請？答案是肯定的。那麼，我就不需要浪費時間去想那些「我申請不上會很丟臉」「家人朋友會嘲笑我」之類的問題，因為想也沒有用，想也無法改變那個「百分之九十九的人會被拒絕」的事實。既然如此，不如就專注於自己的目標上，盡自己所有的努力去達成它。

給自己留後路，是勸自己別全力以赴

創業也是一樣的道理，沒有人想要創業失敗。當我們選擇了創業的同時，也砸下了自己的名聲，去跟投資者拿錢，我們自然會想到：「要是我搞砸的話，在台北應該就不用再創業了！」然而正因爲不想失敗、不想搞砸、不想毀了自己的名譽，就更要確定自己必須做到最好。到最後，其實只有一個答案：**一定要做到即便最後失敗了，也完全沒有怨言的地步**。在這個前提之下，就會去要求自己，不能夠有「因爲沒盡力而犯錯」的空間，不能夠因爲功課做得不夠而犯錯，不能夠因爲粗心找錯人而犯錯等，舉凡自己所能掌控的事項，都該盡最大的努力去避免犯錯。

貫徹這個創業思維的邏輯就是：要做就做到最好，否則就不要做。若不想後悔創業的話，就要這麼去要求自己；不想失敗，就努力做到最好、做到成功；要成功的話，就要找到對的投資人；要找到對的投資人，就要寫好營運計畫；要寫好營運計畫，就要找到對的合夥人；要找到對的合夥人，就要事前做好研究功課等。這些創業的環節，是環環相扣的，如果哪一環鬆掉、沒考慮好，就可能會因此而整個崩盤。

與其花心思在擔憂種種無法控制的問題上，還不如排除一切的雜音干擾，做好自己所能控制的本分，並且告訴自己：「我只有這一次機會，所以要做到最好！」

創業團隊得有一位「控制哥」

我們公司的IT員工，在來參加我們的團隊之前，已經參加過好幾個不同的創業團隊，一起合夥開發各種商業模式，有些團隊也的確做出了相當亮麗的成績。他們跟我說，公司的進度安排得好緊湊：「可是我們之前加入過的那間新創公司，老闆每天上班都會遲到兩個小時。」問他們那間公司後來發展如何？他們說，已經營運不下去，倒了。

創業可以很好玩，但不代表無紀律

試想有一間新創公司，老闆或合夥人宣布：「我們大家一天只要上班八個小時就好，而且週休三日。」這麼「友善」的管理階層、這麼快樂的工作條件，的確讓創業變成一件樂事，但，這絕對不是一件好事。

有效率的管理公司，跟合夥人工作經驗的性質與時間的長短，都有相當的關係。假設你遇到一個平均年齡二十三歲的創業團隊，極有可能出現的情況是，其中沒有任何人有管理經驗；但假設這個團隊的平均年齡是二十八歲，而且其中已經有人曾經擔任過大公司的中階主管，那麼可以預期的是這個團隊不但有管理經驗，而且還會有自己的人脈、關係，在創業的時候都可能用得著。

幾歲時創業，跟我們需要什麼資源、創的業是什麼領域，完全緊密相關。如果你想開一間管理顧問公司，爲了累積相關的人脈與關係，你不太可能二十五歲就去創業，可能必須在麥肯錫之類的企管顧問公司待過，到三、四十歲才有可能去創業。但以某些創業的性質來說，工作經驗或人脈在一開始的確沒那麼重要。譬如寫APP程式的創業團隊，整天做研發的工程師，可以不需要人脈，但是這個團隊之中，至少也得要有一個人是有人脈、有關係的。

如果你想創業但缺乏人脈，下一步不是自己去找人脈，就是要找一個有人脈、有經驗的人來加入這個團隊。那麼，或許就必須接受自己不會是公司的首席執行長或首席營運長，你可以只管產品或技術，不管營運管理，把自己在創業團隊中的位置定位好，促成創業團隊有一個最好、而非同質性最高的組合。並且學會用投資者的眼光，理性地看待自己的這個創業團隊；必要時也必須冷酷地去切割一此事情，絕對不能太過善良。

當決定要創業時，從商業投資的角度來看，要在自己的能力範圍之內、在資源有限的情況之下，找到可以一起將事情做到最好的那個人，加入創業團隊。這個合夥人的所學與才能若是可以跟自己互補，而你們的個性可以相互容忍、尊重對方的專業，就是完美的創業組合。一起工作的合夥人是不是你的朋友、是不是你喜歡的人、是不是一個很善良的人不見得有什麼關係，甚至爲了公司好，他必須能夠擔當「混球」的角色。

「理想」與「混球」，一樣重要

爲什麼一定要有人當「混球」？「混球」的角色在一個創業團隊中爲什麼重要？

開始創業之後這七、八個月以來，我常去參加某些創業者的聚會。在台灣，至少在台北，如果在那些聚會中繞了三、四個月，哪些人在創哪些業大概都已有所耳聞。然而，還是常遇到某些沒能把理想面跟現實面區隔開來的創業團隊。某次碰到一個做APP的四人團隊，四個人都是從電機系所畢業的，我問他們：

「你們創業多久了？」他們回答：「一年半了。」「你們的產品完成了嗎？」「還沒。」「那你們一個月燒多少錢？」「沒算過欸。」「你們打算怎麼賣這個產品？」「還沒想過。」「你們知道怎麼找投資人嗎？」「不知道。」「有想過公司未來要怎麼上市或是售出嗎？」「還沒想過。」

原來，他們四個人是在其中一人的家裡的廚房寫程式，一寫就寫了一年半。很多工程背景或文青背景的年輕人都會很理想化地認爲，他們只要做出一個很好的商品就夠了。這是一個很典型的商業錯誤。當你花上人生中寶貴的一年半時間去做一個產品，同時也要去思考之後怎麼讓它上市、怎麼去行銷及銷售、怎麼去找投資者，而不是把所有精力都放在開發理想中的產品上。就算做出一個很酷的APP，也不能沒有想過在現實世界要怎麼去賣、怎麼營利。

很多像這樣滿懷理想與抱負的創業團隊，如果創業組合是四個人都是文青、四個人都是工程師或博士之類，很容易產生創業上的盲點。因爲四個人的背景、所學的東西同質性太高時，開會時一定都以同樣的角度去思考，而不會去想到其他問題；換句話說，沒有一個人的專業在商業管理面，除了產品之外的其他問題也因爲沒有去找投資者，只好燒自己的存款來創業。所以像這樣的創業團隊，可能過了一年半載之後，就開始會有來自家庭的壓力，他們可能也就會逐步地放棄。

重點是，在一個創業團隊中，一定只能有百分之五十的人是理想主義者，另外的百分之五十必須是百分之百的「混球」。我都會問那些團隊：「誰要當『混球』？」一定要有一個人挑剔龜毛、斤斤計較大大小小的事情；一定要有一個人去逼迫團隊追趕進度，一定要有一個人來擔當這個「混球」角色。因爲「理想」與「混球」，兩者一樣重要。

找個有管理經驗的合夥人加入創業團隊，當然是最省事的一個方法。不用懂ＩＴ、不用懂會計，找一個懂的就好；創業的人只要是那個具備資金或管理能力，或者擁有信譽的人，雖然不懂ＩＴ，但是能讓懂ＩＴ的人願意爲你工作。但在此同時，自己也必須要有自知之明：「我不懂ＩＴ，所以我的責任就是『讓路』。」讓路給專業的人，尊重他們的專業，讓他們去做自己最拿手的事。

學過管理或是有管理經驗的人，看待這件事情的角度非常簡單：正因爲世界上的資源永遠都是有限的，所以要在資源有限的條件下找到最好的團隊；在資源有限的情況下，給他們最好的資源。把路鋪好之後，就要讓路別礙事，不要去干涉他們，不需要開的會議就別開，不需要花費精力的事就別浪費時間。而你所擔任的「混球」角色，就是去斤斤計較除了這些專業領域外的每一件事情。

當《華盛頓郵報》集團來台灣跟我們開第一次董事會時，發生了一件小插曲，再次驗證了「混球的角色一定要有人當」的道理。開會之前，我先去處理他們的資金要匯入我們公司銀行帳戶的相關事宜。投資銀行的顧問是一位東歐人，也是哈佛MBA校友，負責處理財務方面事務。正式開會前，我先跟那位顧問以及另一位《華盛頓郵報》的前總編輯一起吃了早餐並討論一些事情，然後就去銀行辦理相關事務。顧問告訴我：「整個程序大概只會花你三十分鐘時間，簽簽字就可以完成。」沒想到，因為美國那邊的銀行程序沒弄好，搞得亂七八糟，讓我跑了三間銀行、花了三個小時，才把一切流程搞定。

於是等我回到辦公室，我就向那位顧問抱怨：「你應該要告訴美國銀行那邊的窗口，他沒把事情處理好，讓我忙了半天。」我把發生的問題描述給他們聽之後，總編輯的反應卻是十分輕鬆地聳聳肩，說：「喔，這種事也發生在我身上過。」但是那位財務顧問卻眉頭一皺：「真的嗎？那我一定會讓他吃足苦頭！」顯然他擔任的，就是團隊中須斤斤計較各項環節的「混球」角色，然而這也正是我們團隊最需要的一環。

讓創業優化的三支箭——經驗、財力、人脈

創業沒有標準答案，一般的準則也不一定適用於每個人，必須自己去摸索。但以年齡來說，二十四歲跟三十歲創業當然還是會有資源多寡的差別。

創業最好趁年輕，不過薑還是老的辣

年齡大一點去創業，最大的差別可能是不會那麼害怕、緊張，知道很多事情只是需要去解決問題，不會有那種憑空想像的恐懼感，也知道該從什麼管道去尋找投資者。如果換成是二十四歲的我，可能根本不知道該如何著手寫一份營運計畫，但是在大公司當過主管之後就有了經驗，不會害怕自己寫不出來。不過話說回來，在這個網路時代，倘若沒有經驗只要夠用功去做功課，網路上也一定找得到範本可以參考。

另一個差別就在於財力。所有投資者看過我們的提案後，都會說：「這個想法不錯，那你們自己出資多少錢？」他們當然也會看創業者自己願意投入多少資金，而不是全部的資金都由他們來提供。一般的情況是，創業者自己投入四百萬，那麼投資者就相對地也投資四百萬。因爲投資人的思考邏輯都是一樣的：你以前沒有創業經驗，因此也沒有創業成功的紀錄可循，所以投資者就得想辦法降低這項投資的風險。最簡單的方法，就是讓自己的資金也在裡面，這樣你燒錢的時候，自己也會痛。所以，如果是二十四歲的你可能就沒辦法丟這麼一大筆錢，或許得跟爸媽或是親朋好友借錢，當然這樣會有很大的包袱跟壓力。而三十歲的你上了幾年班之後，可以累積出一筆積蓄去投入，作爲初期的創業金。

此外，還有一個差別就是人脈。二十四歲時，可能沒有什麼人脈，不知該往哪裡遞出這份營運計畫；而三十歲時，自然就有較多可以運用的人脈。當我開始計畫創業時人還在上海工作，於是我先透過哈佛校友會的協助，幫忙初步引介台灣的投資者，後續再由我自己去跟對方聯絡與提案；經由這樣的協助，在二個月當中我們至少見了十五到二十位投資者，而在公司都還沒有設立的情況下，也還眞的拿到過一、兩個願意投資的報價。雖然直到公司設立之前，我們仍未找到合適的投資者，但另一方面的幫助是當這些投資者在看我們的提案時，會提供許多極有幫助的建議。

不要畫地自限，多豐富生活經驗

在跟投資者提案時，是不是哈佛畢業的、有沒有工作經驗，當然都有正面加分的作用，但並不是必要條件。以我們公司為例，雖然我們主動找了幾十個投資者，但到最後《華盛頓郵報》與《華爾街日報》的前總編輯反而是自己找上門來決定投資的。說起來，這段因緣際會也是由於人脈的關係。這段淵源眞的很奇妙，我後來才知道是一位朋友間接認識的朋友，剛好有一次在香港參加一場媒體博覽會，而那位總編輯正好是其中的主講人之一。當他在台上演講時，台下有人提出問題：「你們賣給Amazon之後，有什麼計畫？」他回答：「我們會成立一個獨立的基金，專門投資世界各國獨立的數位媒體。」

於是那位關係算起來很遙遠的朋友，在會後跑去跟這位總編輯聊了一下，跟他提到：「你們要找的這種媒體，聽起來好像是我朋友的朋友的學弟在做的事。」然後很熱心地把我的email轉給這位總編輯。隔天，這位總編輯就主動寫信過來，跟我們用Skype討論了三次，然後說：「你們的條件完全符合我們想要投資的公司，我們可否飛到台灣跟你們見面？」於是三天後他們飛來台灣，而我們就成爲全球第一間由他們所成立的基金投資的新媒體公司。

人脈的確可以在我們想像不到的時候發揮作用。人脈有了，資源往往就會隨之而來。至於如何去拓展自己的人脈？**不要畫地自限於目前上課或上班的活動範圍，要積極地去放大自己的生活及學習圈子，找機會去相關公司實習、加入創業者的聚會、去上課或旁聽創業相關的課程，盡量去嘗試體驗不同的活動，藉此擴大自己的視野與人際關係，累積自己在各行各業的人脈。**這些寶貴的人脈資源，會在某一天派上用場。

創業是理想與現實的不斷對話

別怕做夢，更要勇於說出夢想。年輕人的浪漫理想是該被鼓勵的，否則誰會想去改變這個世界？即便被認為過於天真、過於理想化，但是倘若沒有這些想法，也就沒有未來美夢成真的可能。我們不該去打擊這些所謂「天真的夢想」，而是應該為他們指點現實面的考量，讓他們的理想得以與現實的營利模式結合，讓他們知道，晚上適合做夢，但白天起床後必須非常地務實，只有滿腔熱血還不夠，要考慮到現實面如何去配合，才能真正實現夢想。

既理想又務實，才是成熟的創業團隊

最棒的情況，是聽到一群熱血的年輕人這麼說：「我們要創業，這是我們的理想，這是我們的報表、投資報酬率……我們全都算好了，我們的簡報跟提案也都準備好了，我們想找的投資人也都物色好了。」假如遇到這樣的團隊，我想每個有能力的人都會樂意幫他們一把，提供關於提案的改進建議，幫助他們尋找有興趣的投資人等，因爲誰都會希望看到這樣一群滿腔熱血的年輕人、一個既有理想又務實的團隊，踏上他們的圓夢之路。

不久前，有個年輕人來找我，想詢問關於創業的問題。再次見面時，來了一群大學生，希望我能夠提供他們一些創業方面的建議。他們說明了創業的理念、預估的商業模式、創業團隊的組合等；同時據他們說，在台灣還沒有人做過這樣的事。

但根據以往的經驗，如果聽到有人說：「就我所知，這件事在台灣沒有人做過。」這類的話，我不免會有些存疑。一來，若是查證得不夠仔細徹底，極容易造成這種錯誤認知；再者，如果眞的沒有人做，很可能是因爲它的可行性極低，或者是因爲這類的商業模式，根本無法在台灣的市場獲利。

這群熱血青年想成立的，是一間兼具公關與顧問功能的公司，專門舉辦主題性的活動及賽事，之前已辦過一些小型活動，預計今年要辦一次大型的全日賽事活動，費用希望能拉到廠商的贊助，收入則靠活動門票及相關產品的販售。他們花了很長時間說明他們的理想有多棒，重點有百分之八十是放在「我們想藉由這個超棒的想法來改變這個世界，因爲現在沒人做這件事，所以我們要去完成這個理想！」

於是我問：「你們的團隊人這麼多，怎麼分工？誰是執行長，誰是財務長？」他們回答：「我們沒有分工，我們都只是一群對創業有熱誠的夥伴。」雖然有沒有熱誠跟是否能加入創業團隊其實是兩碼子事，但我只是再問他們：「那爲什麼人數會這麼多？」他們說：「因爲都是朋友啊，不知道該怎麼拒絕，就只好來者不拒了。」

「有沒有算過可以賺多少錢？」「要拉廠商贊助活動的話，有沒有算過時間來不來得及呢？」「公司設立了嗎？資本額是多少？公司定位是什麼？是營利機構還是非營利機構？」對這些問題，他們都還沒有考慮到，也還沒有答案。

於是我們逐步地將舉辦活動所需的費用、預估的營收、舉辦活動的頻率等數字，一項項地列出來討論，再將最後的獲利除以創業團隊的人數以及一年十二個月，就是每個人的月薪。這些一步步推演出來的數字，與他們原先的預期，有頗大的差距。

晚上做夢，白天要更務實

我們都需要經過時間的磨練，才能醒悟並且去面對理想與現實之間的差距。從二十四到三十歲之間，我們需要在職場上工作過、需要有人炮轟過我們的簡報、需要有人不斷地質疑自己的想法，才會逐漸學會在提案時，先要有技巧地說明技術面問題如何解決，最後才去強調這個想法可以如何改變社會，可以對社會產生什麼樣的正面影響。

因爲，如果沒有先考慮到現實層面的問題時，再怎麼美好的理想，都是空中樓閣。提案時「八〇％理想＋二〇％現實」的比例，隨著年齡的增長，要懂得把它顚倒過來，懂得如何將理想與現實的營利模式結合，變成「八〇％現實＋二〇％理想」。

時時抱著「晚上做夢，白天要更務實」這個前提，創業就是每天醒來就開始解決問題的戰鬥人生。

唯有偏執狂才能生存

回顧過去這兩年多來的日子，公司從零到有，從沒有任何員工到現在已經有了二十多個同事，讓我有種恍如隔世的感覺，彷彿前一份工作已經是上一輩子的事了。這兩年多來，就像在跑馬拉松，如果總共要跑十圈，因為第一圈已經跑得很快，接下來的九圈，每一圈都要比前一圈更快，必須保持那種「更快」的速度感。創業所要求的速度是，能夠三天做完，就不應該三個星期做完；能夠三個星期做完，就不應該三個月做完，應該是要愈快愈好。如果你問：「要多快？」「再快一點。」永遠是標準答案。

偏執帶來成功，雖然胃有點痛

走在創業的軌道上，不像當學生時知道學期何時會結束，知道期末考考完就沒事。創業是，除非等到公司上市或售出，否則是沒有盡頭的，沒有固定的時間表，也不知道結果會如何，只能專注地往前衝。創業的壓力，往往是許多創業者必須去面對的問題，有時候，可能會覺得連停下來好好呼吸的時間都沒有。壓力來了，當然只能去面對，但是人的身體是有極限的，尤其隨著年齡的增長，壓力對身體所帶來的影響也會愈來愈明顯，這是創業前要有的認知與心理準備，必須先加以調適。

關於創業的壓力，有句很有名的話是這麼說的：「唯有偏執狂才能生存。」（Only the paranoid survive.）這是一九九六年英特爾創辦人安德魯．葛洛夫（Andrew Grove）所出版的一本暢銷書書名。事實上，當《華盛頓郵報》的投資者來台灣跟我們開第一次的董事會時，也引用了這句話。

那位投資基金中來自東歐的財務顧問，曾經幫索羅斯做過投資，也是哈佛MBA的校友，開會時他一坐下來劈頭就問我：「Joey呀！近來如何？」累斃了的我說：「我已經三個星期沒好好睡過覺了，一直在失眠，很焦慮。」他看著我，笑笑說：「所以呢？我已經二十年沒好好睡過覺了。」接著他引用了那句名言：「唯有偏執狂才能生存。」我聽到他說的這句話，就知道他懂，他是一個對的投資者，因爲他了解那種創業的「偏執狂心態」——永遠害怕被人趕上、永遠害怕客戶會跑掉。然而我們得永遠保有這種小公司的被害妄想症，全方位地去擔心公司能不能生存下去。這種思考邏輯的好處是，我們永遠會非常小心，永遠要努力比別人快十倍、二十倍。但副作用就是，可能會產生極度焦慮、失眠以及伴隨而來的生理不適，譬如胃痛，因爲必須一直承受極大壓力，每天醒來就是要解決問題。

事實上，我們公司所奉行的管理原則，也是這句座右銘。我們辦公室的牆上原本只貼了一張時間表，現在則有了三張。原因是只要進度一超前，就會再擬定一張新的貼上去。一旦進度超前了，要做的不是歡呼、懈怠或休息，而是要跑得更快，因爲永遠會怕下一個競爭者超過自己。所以，如果原本預計六十天完成的事項，後來發現三十天就可以完成，那麼就要逼自己用二十五天去完成，快還要更快。

要有不能呼吸的準備

創業的大原則就是，能夠五天做完的，就不要花到五個星期；能夠三個人完成的，就不要用到五個人。永遠要用最少的資源、最快的速度、最有效率的方法，去達成公司的目標。因爲小公司唯一能贏過大公司的優勢，就是「快」。

就在前一陣子，我們公司達到了一個相當重要的里程碑——終於達成了收支平衡。於是，我發了一封 email 感謝大家的努力：「我們終於達成收支平衡的目標了，我們要更快。」新創公司的成長曲線必須愈來愈快、愈來愈高才行。若是接受了這個邏輯，就得不斷地工作，不能因爲滿足於目前的成果而說：「公司收支平衡了，我們表現得太棒了，大家休息一個星期吧！」反而該說：「我們表現得太棒了，大家要再接再厲、加快腳步，加班一個星期！」

創業者應該都是睡眠不足的，但是在踏上創業戰場之前，這些犧牲應該都要先考慮得一清二楚。**想創業，就要有不能呼吸的準備**，要提高自己的耐受度。但是除了給自己上緊發條，把自己跟團隊逼到精神崩潰的極限（逼到百分之九十九就好，可別超過百分之百），以發揮最大的效能之外，另一方面更要學會如何在生活中讓自己適時放鬆，才能走更長遠的路。創業雖然非常辛苦，但是做自己想做的事，那種快樂與滿足感，也是無可取代的。

「關鍵評論網」創業甘苦談

為什麼選擇媒體創業？

「媒體」對我而言，一直有種特別的意義。我從小在美國長大，長大後又回台灣念書，這樣的背景讓我時常會用美國人的角度看台灣，同時也用台灣人的角度看美國。將這樣的觀察角度運用在媒體上，倒也是一種頗爲互補的結合：讓西方文化值得學習的觀念，與東方文化值得重視的部分得以互相溝通，中西觀點得以交融。而美國社會最值得稱許的一點，就是懂得包容不一樣或少數的文化與意見，意即你不必同意或喜歡某個觀點，但至少有道德上的義務，讓它得以被公平地呈現出來，讓每個人的意見可以同樣平等地被對待，這也是媒體應該秉持的基本原則。

對於各種類型的媒體。我一直抱持著濃厚興趣。譬如大學時寫過第一本書，當兵時擔任過報社的專欄記者，後來甚至還嘗試寫過電視劇本。在申請ＭＢＡ的論文中，我曾經寫道如果成功申請到ＭＢＡ，畢業之後的短程目標是加入一間跨國性、與品牌經營相關的大公司，以累積自己的資源與人脈，爲以後的創業鋪路；而創業的領域，則希望與跨國性的媒體相關。現在回想起來，其實一路走來，我一直都懷抱著媒體創業的夢想。

在高中、大學時期，我心目中理想的工作，是擔任像《ＧＱ》那種生活風格類雜誌的總編輯；但念完ＭＢＡ之後，我知道自己對編輯事務缺乏耐心，不敢當總編輯了，而因爲我喜歡思考公司未來可以怎麼發展、怎麼行銷，所以可以成爲公司背後那個負責營運的人，對我來說簡直太好玩了。創立了「關鍵評論網」這個社群媒體，不但希望藉由它提供一個公平客觀理性的媒體平台，對台灣社會發揮正面的影響力；另一方面我也非常樂在其中地把它當成是一間公司、一個組織來營運管理。

這類的社群媒體，在歐美已經行之有年，記得當它開始在美國快速成長、產生廣大的影響力時，剛好是在哈佛念書的時候。到二〇〇八年美國總統大選時，它的發展已經很成熟了。事實上，將社群媒體的運用發揮得淋漓盡致，也是歐巴馬能夠贏得勝選的原因。歐巴馬有許多年輕的支持者，因此他不走報紙之類的傳統媒體，反而選擇運用臉書等社群媒體，去影響年輕人。而社群媒體自美國大選之後，也更形多樣、熱門而普及。

當年，我看著這樣的媒體趨勢的形成，心裡直納悶：「爲什麼亞洲沒有人做社群媒體？遲早會有人做出來吧？明年應該有人做出來了吧？明年沒有的話，後年總該有人做出來了吧？」但是，一直到二〇一二年我跟合夥人開始討論這個想法時，台灣還是沒有人做出來。其實我們一致認爲，沒有理由做不出來，只是一定要由一個傳統媒體之外的新創公司去做，而不可能由傳統媒體去做。原因很多，主要是因爲傳統媒體有它們的包袱、立場、政商關係等，不是挺藍就是挺綠；而且傳統媒體都太賺錢了，不太可能成立一個全新型態的媒體，反而對自己原來的收益造成負面影響。

選擇在台灣創業，是因爲「天時、地利、人和」，剛好這個創業的想法適用於台灣，合夥人也在台灣。因爲我們要創的是一個媒體公司，現實的考量是，現在全亞洲只剩下台灣適合在媒體這個領域創業了，可以說是命運的安排或是世界局勢使然，種種奇妙的因素湊在一起，連我們目前的投資者——擔任過《華盛頓郵報》與《華爾街日報》的前總編輯，都認爲如果現在要投資媒體的話，只適合投資台灣的媒體。台灣對媒體的自由度，反而成了台灣的一項優勢。以消費水平來看，在香港，物價是台灣的兩倍；在上海，物價是台灣的一點五倍；同樣的創業想法，在台灣可以用比較短的時間、比較精簡的資源，有效率地去實現，然後等營運穩定之後，再將同樣的營運模式複製到大中華地區，甚至全亞洲。

創業心法與經驗談分享

這兩年多來的創業歷程，讓我在各方面獲益良多，學會用更實際的方式去思考問題、處理公司各項大大小小的事務。譬如剛開始設立公司時，得先考慮到租金成本，只需租用或甚至取得足夠營運的空間即可，等到員工人數擴充或空間不敷使用時，再搬至較大的辦公室，不需要一開始就固定下來。新創公司本來就該保留較大的彈性，視情況而隨時調整。

辦公室可以布置、營造出一種充滿效率及士氣的氛圍，讓每個員工感受到一致的目標以及適當的壓力，絕對沒有人會覺得無所適從。辦公室的牆上，可以貼上公司預定的時間表，把未來半年的預定目標及待辦事項全部列出來，每件待辦事項旁邊，可以寫上負責完成的人的姓名，以便追蹤進度。只要時間表上的進度超前，就可以重新擬定一個新的時間表；因為新創公司不能跟一般大公司一樣，達成預定進度就滿足了，而是一旦達成預定目標或是進度超前了，就該把舊的時間表全部撤掉，重新擬定一個新的。

走進辦公室時看到的第一面牆上，可以貼上公司的最新目標、時間表、競爭者的數字、公司網站的最新流量、網站排名等，刻意設計得讓每個人一走進這間辦公室，馬上可以看到這些最重要的資訊。因此時鐘、茶水，也都靠著這面牆置放。每個員工每天只要走近這面牆，就會被這些相關的數字提醒，也會感受到適當的壓力，還可以藉此培養每個人對數字的敏感度，留意哪天業績好、哪天不好、原因可能是什麼。每個星期，相關的統計報表都可以被公布出來檢討。一切都十分透明化，不需要把時間浪費在沒有效率的溝通方式上。

在員工的雇用上，對於新創公司來說在人事成本考量下，一個雙贏的建議是**善用實習生**。大公司只會讓實習生做影印之類的行政工作，新創公司雖然無法支付實習生太多薪資，卻可以讓他們學到很多，包括如何從零開始，如何設立、登記公司，如何管理、運作業務等，全都可以學到，還可以輪流在每個部門學習，甚至負責實際業務的營運。因此對於實習生來說，雖然在新創公司實習的薪資不比在大公司，但是他們所學習到的創業知識，可以說是用錢也買不到的寶貴經驗。而對於新創公司來說，善用實習生人力，經過訓練的實習生也可以對公司的營運有很大的幫助。

至於如何行銷產品？深入地從消費者的角度思考、觀察，往往會得到最精準、最獨到的想法。以「關鍵評論網」爲例，行銷方式是最能凸顯出這個網站與傳統媒體的差異。網站所行銷的目標讀者群，是二十到四十歲這個不看報章雜誌的世代。想像一個三十歲的上班族，從早上起床到回家睡覺這段時間之中，會接觸到什麼樣的媒體頻道？不管大或小，這個網站都要設法在上面露出。假設這個人起床的第一件事就是看手機，那麼這個網站就要在手機的APP或電子報中出現；他在上班途中可能會瀏覽iPad或平板電腦，所以這個網站一開始就考慮到這一點，不論用手機或平板瀏覽，網站都能自動調整。接下來，他可能會搭乘公車、捷運或計程車等交通工具去上班，那麼在這些交通工具上的多媒體或電視牆，都要能看到這個網站；甚至連他到了公司、搭電梯上樓時，電梯中的多媒體也要有這個網站新聞在上面。

很多人知道「關鍵評論網」在這麼多的媒體上出現時，第一個反應都是：「那你們花了多少的行銷費用？行銷經費很高吧?!」其實，這就是新創公司教會我們的一課：**當有了產品，希望有更高的曝光率，但是比起大公司自己的行銷廣告經費等於是零。這時，就要發揮創意及想像力，去把合作案談成，並且談出對自己**

最有利的條件，而且最後會發現，並不是所有的合作案都需要花錢才能談成的；行銷經費的不足，會逼使自己想出公司或產品的定位有什麼吸引人的優點、強項，以至於想出與衆不同的行銷策略。

更重要的是，公司整體的估值一定要納入你的策略性考量之中。當公司的價值愈來愈高時，員工的向心力自然也會愈來愈大，目標更加一致而明確。譬如當初所登記的資本額是兩百萬，等到投資人願意投入資金，公司估值就相對提高了，譬如變成兩千萬。如果公司很順利地，可以每一輪都以樂觀的十倍或保守的二倍成長，提高它的價值，那麼經過三到四輪的增資，公司就有機會上市或售出了。這好比打電動，每過一個關卡就可以晉級到另一個更高的層級，晉級三、四次之後到最後終於可以打敗魔王。

身爲創業者的責任，就是在花完銀行裡投資人的資金之前，把公司的估值抬到最高，因此，一開始就要好好規畫。假設公司的銀行帳戶中還有投資人放進來的八百萬元，而最壞的打算是一個月要燒五十萬元，而且沒有任何進帳，那麼就有大概十二至十三個月的時間，可以去抬高公司的估值，盡最大努力把它變大，任何可以抬高估值的方法，都要納入策略性的考量之中。舉例來說，如果公司有國際化的可能，那麼踏進外國的市場，也要納入公司的時程表中，因爲這會讓公司的估値加入其他市場的估値，整體估値當然就會變大。

在創業這條道路上，我自己也正在摸索，可說是且戰且走，或許還算不上累積豐富的經驗足以爲人師，但希望這些摸索來的心法與經驗談，可以爲想創業的年輕人點燃若干火花、激發些許想法。這條道路雖然漫長，但是並不孤獨，期許我們可以一起邁步前進！

【結語】給肩負未來的每一個你

在我們這場午後閒談的尾聲，我不禁想起在許多研究所座談會、海外工作研討會，以及與年輕學生的分享會上很常見的一個問題：和歐洲人、美國人或來自其他國家的人一起工作，眞的有那麼不一樣嗎？在那裡念書或是在那裡居住眞的很難交到朋友嗎？文化差異是不是眞的那麼大，以致我們難以和外國人溝通，也難以信任他們，無法和他們組成團隊或是共同創造一項成就？

每當有人問我這個問題，我的回答總是微微一笑，聳聳肩，然後說：「當然一定會有些差異，可是根據我的經驗，你和別人處得好不好，或是能不能成爲好朋友，其實和對方來自哪個國家，或是擁有什麼膚色沒什麼關係，而是完全取決於個人。由於不同的性格或背景，你可能會和一個來自完全不同國家的人成爲至交好友，也可能對來自同一個國家的人深感厭惡。歸根究柢，我們其實沒有那麼不同，所以在做出判斷之前，不要讓種族偏見或刻板印象影響了自己。

「我們其實都大同小異。我們有同樣的夢想，同樣的恐懼，也都同樣希望追求更好的生活，追求更好的未來。」

從這個角度，我們其實可以用類似的方式，看待本書的主題與結論。

我們其實沒有那麼不同。

不論我們是否大半輩子都在國外求學、生活，還是從來沒出過國；不論我們希望終身的職業生涯是擔任穩定的公職或教職，還是從學校一畢業就想要創業，都沒有關係。

只要我們今天坐在這裡，就表示我們對自己的人生有些疑問，或許正在納悶怎麼做才能讓自己擁有最令人振奮，與滿足的人生。只要我們今天坐在這裡，就表示我們對自己懷有很高的期望，也希望自己嘗試了一切我們感興趣的東西，且不論我們嘗試的結果是成功還是失敗，至少我們都能沒有悔恨地繼續走下去。

此外，只要我們今天坐在這裡，也就表示我們希望自己有一天能夠對自己的社會與國家做出正面的貢獻，並且對自己在社會與人生中扮演的角色感到自豪。

我個人認爲，我們這個世代面臨的，無疑是近年來最具挑戰性的一段時期。這個國家的經濟已經停滯了十年以上，其薪資與國內生產毛額都處於低成長或零成長率。教育變革相當緩慢。此外，低生育率、老年人口持續增加、負債對國內生產毛額比率的一再提高，以及來自中國與東南亞愈來愈強烈的競爭，都將持續影響我們本身的競爭力以及未來優勢。而且，由於科技週期愈來愈快，表示年輕世代將必須在更短的時間內，以更快的速度趕上最新潮流，或是全球經濟的變化。

毫無疑問，我們面前還有許多挑戰。

這些議題將是我們這個世代嘗試解決的最重要問題，而我們的成功或失敗將會深深影響我們的個人生活、職業生涯，以及家庭、子女，還有這個國家和這個區域的未來。

到底是誰造成我們現在的處境，誰應該爲我們所有的煩惱負起責任，或是誰應該下台，以及整個國家或媒體應該再怒聲指責什麼人，其實都不是重點。

感情用事、怪罪別人、以過於自我中心的角度看待每個問題，隨時都怕丟臉或是被自己的不安全感牽著鼻子走，並不會讓這些問題消失。

不管要解決什麼問題，第一步就是承認問題的存在。

對於台灣或大中華區的這個世代而言，有許多問題都等著我們解決。

身爲較爲年輕的一代，我們不能一方面把自己所有問題都怪罪政府，然後又決定最好不要冒險，而去追求穩定的公職。

我們不能一方面痛恨大企業，把一切與低薪、長工時以及22K的問題都怪罪在它們頭上，然後畢業後又仍然選擇到這些大企業工作，只因爲這樣是比較安全的選擇。

身爲較爲年輕的一代，我們不能總是唉聲嘆氣、指責別人，自己卻什麼也不做，就期待我們所有的問題會奇蹟似地獲得改善。

怎麼可能呢？

身為較為年輕的一代，我們必須挺身成為自己希望看見的那種改變。

憑著沉著、理性、邏輯思考，我們可以解決問題。

如果不這麼做，又有誰能幫助我們？他們又憑什麼幫助我們？

而且，如果不現在就行動，那要等到什麼時候？

我們所有人都沒有那麼不同。我們有同樣的夢想，同樣的恐懼，也都同樣希望追求更好的生活，追求更好的未來。

所以，我們並不孤單。

請不要留下悔恨。

讓我們一起來解決問題，給自己一個沒有遺憾的人生吧。

國家圖書館出版品預行編目資料

22歲起，選那個不做會後悔的決定／鍾子偉 著.
-- 初版. -- 臺北市：先覺，2015.07
224面；14.8×20.8公分. --（人文思潮系列；115）
ISBN 978-986-134-255-9（平裝）

1. 就業 2. 職場成功法

542.77 104008749

Eurasian Publishing Group
圓神出版事業機構
用心與你對話．視野無限寬廣
先覺出版社
Prophet Press

http://www.booklife.com.tw reader@mail.eurasian.com.tw

人文思潮 115

22歲起，選那個不做會後悔的決定

作　　者／鍾子偉
文字整理／林資香
發 行 人／簡志忠
出 版 者／先覺出版股份有限公司
地　　址／台北市南京東路四段50號6樓之1
電　　話／（02）2579-6600・2579-8800・2570-3939
傳　　真／（02）2579-0338・2577-3220・2570-3636
郵撥帳號／19268298　先覺出版股份有限公司
總 編 輯／陳秋月
專案企畫／賴真真
主　　編／莊淑涵
責任編輯／許訓彰
美術編輯／金益健
行銷企畫／吳幸芳・荊晟庭
印務統籌／劉鳳剛・高榮祥
監　　印／高榮祥
校　　對／鍾子偉・莊淑涵
排　　版／陳采淇
經 銷 商／叩應股份有限公司
法律顧問／圓神出版事業機構法律顧問　蕭雄淋律師
印　　刷／祥峯印刷廠
2015年7月　初版

定價 270 元　ISBN 978-986-134-255-9